# ДАМА С СОБАЧКОЙ

**엮은이**
**뿌쉬낀하우스 러시아어교육연구회**

국내 러시아어 교육의 전문화를 위해 2008년 '러시아어 교수법 연구회'로 발족되어 정기적인 교수법 세미나와 강사 교육, 러시아어 전문 교육 프로그램 및 교재 개발 등에 힘쓰고 있다.

# ДАМА С СОБАЧКОЙ
개를 데리고 다니는 여인

**초판 1쇄** 2016년 01월 14일
**초판 2쇄** 2019년 01월 31일

**엮은이** 뿌쉬낀하우스 러시아어교육연구회
**펴낸이** 김선명

**펴낸곳** 뿌쉬낀하우스
**책임편집** 이은희
**편집** 김영실, 김성원
**디자인** 박은비
**주소** 서울시 중구 동호로 15길 8, 리오베빌딩 3층
**전화** 02)2237-9387
**팩스** 02)2238-9388
**이메일** pushkin_book@naver.com
**홈페이지** www.pushkinhouse.co.kr
**출판등록** 2004년 3월 1일 제 2004-0004호

ISBN 978-89-92272-62-9 14790
   978-89-92272-61-2 (세트)

© ЗАО «Златоуст», 2006
Настоящее издание осуществлено по лицензии, полученной от ЗАО «Златоуст»
© Pushkin House, 2016

이 책의 국내 저작권은 «Златоуст» 출판사와 독점 계약한 뿌쉬낀하우스에 있습니다.
저작권법에 의해 한국 내에서 보호를 받는 저작물이므로 무단 전재와 무단 복제를 금합니다.

## 차 례

| | |
|---|---|
| 서문 | ◆ 005 |
| 원문 | ◆ 011 |
| 직독 직해 | ◆ 055 |
| 전문 번역 | ◆ 107 |
| 단어 | ◆ 134 |

# ДАМА С СОБАЧКОЙ

서 문

Антон Павлович Чехов (17.1.1860 – 2.7.1904), известный писатель и драматург, один из самых популярных русских писателей в мире.

Окончил медицинский факультет Московского университета в 1884 году. Чехов некоторое время работал врачом, но увлёкся литературой. Он начал как автор коротких юмористических рассказов, которые писал под псевдонимами.

Чехов — тонкий психолог, мастер подтекста, своеобразно сочетает юмор и лиризм. В рассказах «Бабье царство» (1894), «Мужики» (1897), «В овраге» (1900) показал жестокость деревенской жизни. Самые известные произведения: «Скучная история» (1889), «Дуэль» (1891), «Палата № 6» (1892), «Дом с мезонином» (1896), «Ионыч» (1898), «Человек в футляре» (1898), «Дама с собачкой» (1899). Чехов известен также как талантливый драматург. В пьесах «Чайка» (1896), «Дядя Ваня» (1897), «Три сестры» (1901), «Вишнёвый сад» (1904), поставленных на сцене Московского Художественного Театра, он создал особую эмоциональную атмосферу.

안똔 빠블로비치 체홉(1860.1.17. - 1904.7.2.)은 유명한 작가이자 극작가로서 세계에서 가장 잘 알려진 러시아 작가 중 한 사람이다.

그는 1884년 모스끄바 대학 의과대학을 졸업하였다. 그 후 얼마간 의사로 일했지만 이내 문학에 심취하게 된다. 이후 짧고 유머러스한 단편소설 작가로서 작품 활동을 시작했고, 여러 필명을 사용하여 작품들을 썼다.

체홉은 섬세한 심리학자이자 함축적 텍스트의 대가로서 독특한 방식으로 유머와 서정을 연계시키고 있다. 『여인의 왕국』(1894), 『농민들』(1897), 『골짜기에서』(1900) 등의 단편에서는 시골에서의 삶이 가지는 잔혹한 측면을 보여주고 있다. 가장 유명한 작품들로는 『지루한 이야기』(1889), 『결투』(1891), 『6호실』(1892), 『다락방이 있는 집』(1896), 『이오느이치』(1898), 『케이스에 갇힌 사람』(1898), 『개를 데리고 다니는 여인』(1899) 등이 있다. 체홉은 재능있는 극작가로도 유명하다. 『갈매기』(1896), 『바냐 삼촌』(1897), 『세 자매』(1901), 『벚꽃 동산』(1904) 등 모스끄바 예술극장의 무대에 올린 희곡작품들에서 그는 독특한 감정적 분위기를 연출해 냈다.

Главный герой Чехова — обычный человек со своими каждодневными делами и заботами. Художественная манера писателя лаконична и проста: чем объективнее, тем сильнее впечатление. Однако, несмотря на внешнюю простоту, в тексте всегда присутствует скрытый и сложный смысл, который раскрывают мелкие на первый взгляд детали. Главным в рассказе являются душевные переживания героя, его борьба с обстоятельствами, средой. У Чехова нет интриги, занимательного сюжета. Трагизм многих его произведений заключается в том, что ничего не происходит. Будничное и повседневное, считает автор, губит человека незаметно, приучает к мысли, что иной жизни не может быть.

Рассказ «Дама с собачкой» повествует о двух обычных людях, чью спокойную, размеренную и предсказуемую жизнь нарушает курортный роман. Они оба боятся своих чувст друг к другу, потому что не хотят нарушать привычный образ жизни. Однако этот роман, который они начали от скуки, постепенно перерос в серьёзные отношения, могущие в корне изменить судьбу героев.

체홉의 주인공은 일상적인 일과 걱정을 가진 평범한 인물이다. 작가의 예술적 표현방식은 간결하며 단순하다. 객관적이면 객관적일수록 좀더 강한 인상을 주는 것이다. 하지만 외적인 간결함에도 불구하고 텍스트에는 항상 숨겨진 복잡한 의미가 담겨져 있으며, 처음에는 아주 사소해 보이는 디테일들이 그 숨은 의미를 밝혀내게 된다. 무엇보다 그의 작품에서 중요한 것은 인물이 겪는 심적 변화와 환경 및 계층과 겪는 갈등이다. 체홉의 작품에는 어떠한 간계도, 흥미로운 구성도 없다. 그의 많은 작품들이 가진 비극은 아무 일도 일어나지 않는 것으로 귀결된다. 작가는 일상적이고 반복되는 것들이 인간을 알게 모르게 파멸시키며 그 이외의 삶은 존재하지 않을 것이라는 생각을 주입시킨다고 생각한다.

『개를 데리고 다니는 여인』은 두 명의 평범한 인물들에 대해 그리고 있다. 즉 휴양지에서의 연애가 그들의 평온하고 자로 잰 듯 균일하며 예측가능한 삶을 어떻게 망가뜨리고 있는지를 그려낸다. 그들 모두 서로에 대한 감정을 두려워한다. 왜냐하면 자신에게 익숙해져 있는 삶의 모습을 파괴하고 싶지 않기 때문이다. 하지만 무료함에서 비롯된 그들의 연애는 점점 더 진지한 관계로 발전하고 그들의 운명을 뿌리째 바꿀 만큼 강하게 변모하게 된다.

# ДАМА С СОБАЧКОЙ

원 문

# 1

Говори́ли, что на на́бережной появи́лось но́вое лицо́: да́ма с соба́чкой. Дми́трий Дми́трич Гу́ров, кото́рый про́жил в Я́лте уже́ две неде́ли и привы́к тут, то́же стал интересова́ться но́выми ли́цами. Он сиде́л в павильо́не у Верне́ и смотре́л, как по на́бережной прошла́ молода́я да́ма, невысо́кая блонди́нка, в бере́те; за ней бежа́ла бе́лая соба́чка.

И пото́м он встреча́л её в городско́м саду́ по не́скольку раз в день. Она́ гуля́ла одна́, всё вре́мя в том же бере́те, с бе́лой соба́чкой; никто́ не знал, кто она́, и называ́ли её про́сто так: да́ма с соба́чкой.

«Е́сли она́ здесь без му́жа и без знако́мых, — ду́мал Гу́ров, — то бы́ло бы не ли́шнее познако́миться с ней».

Ему́ не́ было ещё сорока́, но у него́ была́ уже́ дочь двена́дцати лет и два сы́на гимнази́ста. Его́ жени́ли ра́но, когда́ он был ещё студе́нтом второ́го ку́рса, и тепе́рь жена́ каза́лась в полтора́ ра́за ста́рше его́. Это была́ же́нщина высо́кая, пряма́я, ва́жная и, как она́ сама́ себя́ называ́ла, мы́слящая. Она́ мно́го чита́ла, не писа́ла в пи́сьмах «ъ», называ́ла му́жа не Дми́трием, а Димитрием, а он втайне считал её глупой, узкой, боялся её и не любил бывать дома. Изменять ей он начал уже давно, изменял часто и, возможно, поэтому о женщинах говорил почти всегда плохо, называл их «низшая раса».

Но без «низшей расы» он не мог бы прожить и двух дней. В обществе мужчин ему было скучно, с ними он мало говорил, был холоден, но когда находился среди женщин, то чувствовал себя свободно и знал, о чём говорить с ними и как вести себя; и даже молчать с ними ему было легко. В его характере, во всей его природе было что-то, что привлекало к нему женщин; он знал об этом, и самого его тоже какая-то сила влекла к ним.

Большой опыт, в самом деле горький опыт, научил его давно, что любой роман, который сначала кажется милым и лёгким приключением, у порядочных людей, особенно у нерешительных москвичей, обязательно вырастает в целую задачу, очень сложную и неприятную. Но при каждой новой встрече с интересной женщиной этот опыт как-то забывался, и хотелось жить, и всё казалось так просто.

И вот однажды вечером он обедал в саду, а дама в берете медленно подходила, чтобы занять соседний стол. Всё в ней говорило ему, что она из порядочного общества, замужем, в Ялте в первый раз и одна, что ей скучно здесь... Когда дама села за соседний стол недалеко от него, он вспомнил рассказы о лёгких победах, о поездках в горы, и ему вдруг пришла в голову мысль о коротком романе с неизвестною женщиной, которой не знаешь по имени и фамилии.

Он ласково позвал к себе собачку и, когда та подошла, погрозил ей пальцем. Собачка заворчала. Гуров опять погрозил.

Дама посмотрела на него и сразу же отвела глаза.

— Она не кусается, — сказала она и покраснела.

— Можно дать ей что-нибудь? — И когда

она́ сказа́ла «да», он спроси́л приве́тливо:

— Вы давно́ прие́хали в Я́лту?

— Дней пять.

— А я уже́ живу́ здесь почти́ две неде́ли.

Помолча́ли немно́го.

— Вре́мя идёт бы́стро, и здесь так ску́чно! — сказа́ла она́.

— Это то́лько обы́чно говоря́т, что здесь ску́чно. Живёт челове́к у себя́ где́-нибудь в Белёве или Жи́здре — и ему́ не ску́чно, а прие́дет сюда́: «Ах, ску́чно! Ах, пыль!» Поду́маешь, что он из Грена́ды прие́хал.

Она́ засмея́лась. Пото́м они́ продолжа́ли есть в молча́нии, как незнако́мые; но по́сле обе́да пошли́ ря́дом — и начался́ лёгкий весёлый разгово́р люде́й свобо́дных, дово́льных, кото́рым всё равно́, куда́ бы ни идти́, о чём ни говори́ть. Они́ гуля́ли и говори́ли о том, како́й стра́нный свет па́дает на мо́ре; вода́ была́ тако́го мя́гкого и тёплого цве́та, и по ней от луны́ шла золота́я доро́жка. Гу́ров рассказа́л, что он москви́ч, по образова́нию фило́лог, но рабо́тает в ба́нке; гото́вился когда́-то петь в о́пере, но бро́сил, име́ет в Москве́ два до́ма... А от неё он узна́л, что она́ вы́росла в Петербу́рге, но вы́шла за́муж в С., где живёт уже́ два го́да, что пробу́дет она́ в Я́лте бо́льше ме́сяца и за ней, быть мо́жет, прие́дет её муж, кото́рому то́же хо́чется отдохну́ть. Она́ ника́к не могла́ объясни́ть, где рабо́тает её муж, и э́то ей само́й бы́ло смешно́. И узна́л ещё Гу́ров, что её зову́т А́нной Серге́евной.

Пото́м у себя́ в но́мере он ду́мал о ней, о том, что за́втра она́, наве́рное, встре́тится с ним. Так должно́ быть. Перед сном он вспо́мнил, что она́ ещё так неда́вно была́ гимнази́сткой, учи́лась всё равно́ как тепе́рь его́ дочь, вспо́мнил, ско́лько ещё несме́лости, нереши́тельности бы́ло в её сме́хе, в разгово́ре с незнако́мым, — должно́ быть, э́то пе́рвый раз в жи́зни она́ была́ одна́, в тако́й ситуа́ции, когда́ за ней хо́дят и на неё смо́трят, и говоря́т с ней то́лько с одно́й та́йной це́лью, и она́ не мо́жет не понима́ть э́того. Вспо́мнил он её то́нкую, сла́бую ше́ю, краси́вые се́рые глаза́.

«Что́-то в ней есть жа́лкое всё-таки», — поду́мал он и лёг спать.

## Задания

Закончите фразы, выбрав правильный ответ. Проверьте себя по ключу.

1. Главные герои рассказа
   а) постоянно живут в Ялте.
   б) приехали в Ялту отдыхать.
   в) приехали в Ялту на короткую экскурсию.

2. Когда Гуров в первый раз увидел даму с собачкой на набережной,
   а) он сразу же обратил на неё внимание.
   б) он подошёл к ней и предложил прогуляться вместе.
   в) он подумал, что уже встречал её раньше.

3. Герои рассказа познакомились
   а) во время прогулки на набережной.
   б) в саду, когда Анна Сергеевна потеряла собачку и никак не могла найти её.
   в) в саду во время обеда.

4. В день их первой встречи
   а) им было весело и хорошо, и они долго разговаривали.
   б) они смогли рассказать о себе очень немного, потому что было очень шумно.
   в) Анна Сергеевна долго рассказывала Гурову о своём муже.

5. Дмитрий Гуров
   а) был молод, свободен и хотел познакомиться с какой-нибудь красивой женщиной.
   б) был верным мужем, другие женщины не интересовали его.
   в) был женат, но у него постоянно были романы с другими женщинами.

6. Обычно главный герой рассказа
   а) нравился женщинам.
   б) любил бывать в обществе мужчин.
   в) любил побыть один.

7. Дмитрию Гурову
   а) в жизни всё легко удавалось, он достиг всего, чего хотел.
   б) надо было много работать, потому что он был очень беден.
   в) было скучно жить, потому что всё в его жизни было не так, как он хотел бы.

8. Гуров
   а) раньше учился на философском факультете.
   б) в молодости мечтал стать певцом.
   в) с детства хотел работать в банке.

9. Анна Сергеевна была
   а) опытной женщиной, которая хорошо знала жизнь.
   б) молода и нерешительна.
   в) очень странной и ни на кого не похожей.

**10. Анна Сергеевна**
    а) была москвичкой.
    б) долго жила в Петербурге, откуда потом уехала.
    в) всю жизнь прожила в городе С.

**11. Дама с собачкой напомнила Гурову**
    а) его мать.
    б) его дочь.
    в) одну актрису.

**12. После первой встречи Гуров понял, что**
    а) в тот день решилась его судьба.
    б) у него начался новый роман.
    в) они с Анной Сергеевной ещё наверняка увидятся.

Ключи
1.б 2.а 3.в 4.а 5.в 6.а 7.в 8.б 9.б 10.б 11.б 12.в

## 2

Прошла неделя после знакомства. Был праздничный день. В комнатах было душно, а на улице дул ветер. Весь день хотелось пить, и Гуров часто заходил в павильон и предлагал Анне Сергеевне то воду, то мороженое. Идти было некуда.

Вечером, когда погода стала лучше, они пошли на набережную, чтобы посмотреть, как придёт пароход. На набережной было много людей; собрались встречать кого-то, держали букеты цветов. И тут можно было легко заметить две особенности нарядной ялтинской толпы: старые дамы были одеты как молодые, и было много генералов.

Из-за плохой погоды пароход пришёл поздно, когда уже село солнце. Анна Сергеевна смотрела на пароход и на пассажиров, как будто искала знакомых, и когда обращалась к Гурову, то глаза у неё горели. Она много говорила, и её вопросы были короткими, и она сама сразу же забывала, о чём спрашивала.

Люди начали уходить, уже совсем не было ветра, а Гуров и Анна Сергеевна стояли, как будто ждали кого-то. А́нна Серге́евна уже́ молча́ла и не смотре́ла на Гу́рова.

— Пого́да к ве́черу ста́ла полу́чше, — сказа́л он. — Куда́ же мы тепе́рь пойдём? Не пое́хать ли нам куда́-нибудь?

Она́ ничего́ не отве́тила.

Тогда́ он внима́тельно посмотре́л на неё и вдруг о́бнял её и поцелова́л в гу́бы, и сра́зу же он со стра́хом посмотре́л: не ви́дел ли кто?

— Пойдёмте к вам... — сказа́л он ти́хо.

И они́ пошли́ бы́стро.

У неё в но́мере бы́ло ду́шно, па́хло духа́ми, кото́рые она́ купи́ла в япо́нском магази́не. Гу́ров смотре́л на неё тепе́рь и ду́мал: «Каки́х то́лько не быва́ет в жи́зни встреч!» От про́шлого у него́ оста́лось воспомина́ние о до́брых же́нщинах, весёлых от любви́, благода́рных ему́ за сча́стье, хотя́ бы о́чень коро́ткое; и о таки́х, — как, наприме́р, его́ жена́, — кото́рые люби́ли с ли́шними разгово́рами, неесте́ственно, как бу́дто то была́ не любо́вь, не страсть, а что-то бо́лее ва́жное; и о таки́х двух-трёх, о́чень краси́вых, холо́дных, у кото́рых бы́ло жела́ние взять у жи́зни бо́льше, чем она́ мо́жет дать, и э́то бы́ли не пе́рвой мо́лодости, не у́мные жёнщины, и когда́ Гу́ров переставал их люби́ть, то ненави́дел их красоту́.

Но тут всё та же несме́лость нео́пытной мо́лодости, нереши́тельность. А́нна Серге́евна, э́та «да́ма с соба́чкой», к тому́, что произошло́, отнесла́сь ка́к-то осо́бенно, о́чень серьёзно, как к своему́ паде́нию, — так каза́лось, и э́то бы́ло стра́нно и не к ме́сту. Она́ гру́стно сиде́ла и ду́мала, и была́ похо́жа на гре́шницу со ста́рой карти́ны.

— Нехорошо́, — сказа́ла она́. — Вы же пе́рвый меня́ не уважа́ете тепе́рь.

На столе́ в но́мере был арбу́з. Гу́ров отре́зал себе́ кусо́к и стал ме́дленно есть. Прошло́ полчаса́ в молча́нии.

А́нна Серге́евна была́

чи́стой, поря́дочной же́нщиной; бы́ло ви́дно, что у неё нехорошо́ на душе́.

— Почему́ бы я мог переста́ть уважа́ть тебя́? — спроси́л Гу́ров. — Ты сама́ не зна́ешь, что говори́шь.

— Пусть Бог меня́ прости́т! — сказа́ла она́ и начала́ пла́кать. — Это ужа́сно.

— Ты как бу́дто опра́вдываешься.

— Чем мне оправда́ться? Я плоха́я, ни́зкая же́нщина, я себя́ не уважа́ю и не ду́маю опра́вдываться. Я не му́жа обману́ла, а себя́. И не сейча́с то́лько, а уже́ давно́ обма́ныВаю. Мой муж, быть мо́жет, че́стный, хоро́ший челове́к, но ведь он лаке́й! Я не зна́ю, что он де́лает там, как рабо́тает, а зна́ю то́лько, что он лаке́й. Мне, когда́ я вы́шла за него́ за́муж, бы́ло два́дцать лет, мне бы́ло интере́сно, мне хоте́лось чего́-нибудь лу́чшего; ведь есть же, — говори́ла я себе́, — друга́я жизнь. Хоте́лось пожи́ть! Пожи́ть и пожи́ть... Вы э́того не понима́ете, но, пове́рьте мне, со мной что́-то де́лалось, меня́ нельзя́ бы́ло останови́ть, я сказа́ла му́жу, что больна́, и пое́хала сюда́... И здесь всё ходи́ла, как ненорма́льная... и вот я ста́ла ни́зкой же́нщиной, кото́рую никто́ не бу́дет уважа́ть.

Гу́рову бы́ло уже́ ску́чно слу́шать, всё э́то ему́ казалось неожиданным и странным; если бы она не плакала, то можно было бы подумать, что она шутит или играет роль.

— Я не понимаю, — сказал он тихо, — что же ты хочешь?

— Верьте, верьте мне, прошу вас... — говорила она. — Я люблю честную, чистую жизнь, а грех мне неприятен, я сама не знаю, что делаю. Простые

люди говорят: нечистый попутал. И я могу теперь про себя сказать, что меня попутал нечистый.

— Хватит, хватит... — говорил он.

Он смотрел ей в глаза, целовал её, говорил тихо и ласково, и она успокоилась, стала снова весёлой, и они стали смеяться.

Потом, когда они вышли, на набережной не было ни души, казалось, что город со своими кипарисами совсем мёртв, но море ещё шумело и билось о берег.

Они́ реши́ли пое́хать в Ореа́нду.

— Я сейча́с внизу́ узна́л твою́ фами́лию: фон Ди́дериц, — сказа́л Гу́ров. — Твой муж не́мец?

— Нет, у него́, ка́жется, дед был не́мец, но сам он правосла́вный.

В Ореа́нде сиде́ли недалеко́ от це́ркви, смотре́ли вниз на мо́ре и молча́ли. Я́лта была́ чуть видна́ в у́треннем тума́не, над гора́ми стоя́ли бе́лые облака́. Бы́ло ти́хо, и шум мо́ря говори́л о споко́йствии, о ве́чном сне, како́й ждёт нас. Так шуме́ло внизу́, когда́ ещё тут не́ было ни Я́лты, ни Ореа́нды, тепе́рь шуми́т и бу́дет шуме́ть, когда́ нас не бу́дет. Гу́ров сиде́л ря́дом с молодо́й же́нщиной, кото́рая э́тим ра́нним у́тром каза́лась тако́й краси́вой, споко́йно смотре́л на мо́ре, го́ры, облака́, широ́кое не́бо и ду́мал, как всё прекра́сно в э́том ми́ре, всё, кро́ме того́, что мы са́ми ду́маем и де́лаем, когда́ забыва́ем о вы́сших це́лях жи́зни, о своём челове́ческом досто́инстве.

Подошёл како́й-то челове́к, посмотре́л на них и ушёл. И э́то то́же показа́лось так таи́нственно и краси́во. Ви́дно бы́ло, как пришёл парохо́д из Феодо́сии.

— Уже́ у́тро, — сказа́ла А́нна Серге́евна по́сле молча́ния.

— Да. Пора́ домо́й.

Они́ верну́лись в го́род.

Пото́м ка́ждый по́лдень они́ встреча́лись на на́бережной, за́втракали вме́сте, обе́дали, гуля́ли, смотре́ли на мо́ре. Она́ говори́ла, что пло́хо спит и что у неё си́льно бьётся се́рдце, задава́ла одни́ и те же вопро́сы и волнова́лась, и боя́лась, что он недоста́точно её уважа́ет. И ча́сто в саду́, когда́ ря́дом с ни́ми никого́ не́ было, он вдруг привлека́л её к себе́ и целова́л со стра́стью. Э́ти поцелу́и среди́ бе́лого дня, страх, что их мо́гут уви́деть, за́пах мо́ря и пра́здные, наря́дные лю́ди, кото́рых они́ везде́ постоя́нно встреча́ли, как бу́дто измени́ли его́; он говори́л А́нне Серге́евне о том, как она́ хороша́, был по́лон стра́сти, не отходи́л от неё никуда́, а она́ ча́сто о чём-то ду́мала и всё вре́мя проси́ла его́ сказа́ть пра́вду, что он её не уважа́ет, ниско́лько не лю́бит, а то́лько ви́дит в ней ни́зкую, гре́шную же́нщину. Почти́ ка́ждый ве́чер попо́зже они́ уезжа́ли куда́-нибудь за́ город, и прогу́лка удава́лась, впечатле́ния всегда́ бы́ли прекра́сны.

Жда́ли, что прие́дет муж. Но пришло́ от него́ письмо́, в кото́ром он сообща́л, что у него́ о́чень боле́ли глаза́, и проси́л жену́ поскоре́е верну́ться домо́й. А́нна

Серге́евна заспеши́ла.

— Э́то хорошо́, что я уезжа́ю, — говори́ла она́ Гу́рову. — Э́то сама́ судьба́.

Он провожа́л её до вокза́ла. Е́хали це́лый день. Когда́ она́ сади́лась в ваго́н по́езда и когда́ прозвене́л второ́й звоно́к, она́ сказа́ла:

— Да́йте я посмотрю́ на вас ещё... Посмотрю́ ещё

раз. Вот так.

Она́ не пла́кала, но была́ грустна́, как бу́дто больна́, и лицо́ у неё дрожа́ло.

— Я бу́ду о вас ду́мать... вспомина́ть, — говори́ла она́. — Госпо́дь с ва́ми, остава́йтесь. Мы навсегда́ проща́емся, э́то так ну́жно, потому́ что нам не на́до бы совсе́м встреча́ться. Ну, госпо́дь с ва́ми.

По́езд ушёл бы́стро, и че́рез мину́ту уже́ не́ было слы́шно шу́ма. Гу́ров оста́лся на вокза́ле оди́н и смотре́л в темноту́ с таки́м чу́вством, как бу́дто то́лько что проснулся. И он ду́мал о том, что вот в его́ жи́зни бы́ло ещё одно́ приключе́ние, и оно́ то́же уже́ ко́нчилось, и оста́лось тепе́рь воспомина́ние... Он был взволно́ван, гру́стен и немно́го сожале́л о том, что ме́жду ни́ми произошло́; ведь э́та молода́я же́нщина, с кото́рой он бо́льше уже́ никогда́ не уви́дится, не была́ с ним сча́стлива; он был ве́жлив с ней и ла́сков, но всё же в его́ ла́сках чу́вствовалась лёгкая насме́шка го́рдого счастли́вого мужчи́ны, кото́рый был почти́ в два ра́за ста́рше её. Всё вре́мя она́ называ́ла его́ до́брым, необыкнове́нным; наве́рное, он каза́лся ей не тем, чем был на са́мом де́ле, зна́чит, он обма́нывал её...

Здесь, на ста́нции, уже́ па́хло о́сенью, ве́чер был

почти́ холо́дный.

«Пора́ и мне на се́вер, — ду́мал Гу́ров, когда́ уходи́л с вокза́ла. — Пора́!»

## Задания

Закончите фразы, выбрав правильный ответ. Проверьте себя по ключу.

1. **Однажды Гуров и Анна Сергеевна гуляли вечером по набережной,**
    а) хотелось посмотреть, как придёт пароход.
    б) потому что им нечего было делать.
    в) потому что они ждали приезда мужа Анны Сергеевны.

2. **Вечером в номере Анна Сергеевна**
    а) была весела и всё время смеялась.
    б) плакала и говорила о себе, как о грешнице.
    в) была грустна, но Гуров видел, что она притворяется.

3. **Анна Сергеевна приехала в Ялту,**
    а) потому что была серьёзно больна и ей надо было лечиться.
    б) потому что очень любила путешествовать.
    в) чтобы спастись от скуки, убежать от привычной жизни.

4. **В гостинице Гуров слушал её и**
    а) не верил ни одному её слову.
    б) думал, что всё это очень скучно и странно.
    в) то ел арбуз, то нервно ходил по комнате.

**5. Потом они поехали в Ореанду,**
   а) где долго сидели около церкви, молчали и смотрели на море.
   б) целовались до утра и говорили о любви.
   в) долго ходили там по набережной и говорили о красоте этого города.

**6. Они встречались**
   а) редко, но это были свидания, полные страсти.
   б) тайно, потому что Гуров боялся, что их кто-нибудь увидит.
   в) каждый день и проводили много времени вместе.

**7. В дни их встреч Анна Сергеевна**
   а) была всегда весёлой и счастливой.
   б) нервничала и говорила, что она низкая женщина.
   в) часто вспоминала о муже.

**8. Во время свиданий Гуров**
   а) был страстен и ласков.
   б) думал, что он изменяет своей жене.
   в) боялся, что их могут увидеть его московские друзья.

**9. Анна Сергеевна уехала из Ялты,**
   а) когда получила телеграмму от мужа.
   б) потому что её муж был болен и просил в письме вернуться домой.
   в) потому что ей давно пора уже было возвращаться домой.

10. Когда Гуров провожал её на вокзале, Анна Сергеевна
   а) плакала и ничего не могла сказать.
   б) была грустна и говорила, что они больше не увидятся.
   в) договорилась с ним о следующем свидании.

11. После её отъезда Гуров
   а) понял, что никогда не сможет забыть эту женщину.
   б) сразу же вспомнил о своей жене.
   в) думал о прошлом как о небольшом летнем приключении.

12. Когда Гуров проводил Анну Сергеевну,
   а) он тоже решил вернуться домой.
   б) он захотел ещё немного побыть в Ялте.
   в) он сразу же сел в поезд и уехал.

Ключи
1.а 2.б 3.в 4.б 5.а 6.в 7.б 8.а 9.б 10.б 11.в 12.а

## 3

Дóма, в Москвé, ужé былá зимá, и по утрáм, когдá дéти собирáлись в гимнáзию и пи́ли чай, бы́ло темнó. Ужé начали́сь морóзы. Когдá идёт пéрвый снег, прия́тно ви́деть бéлую зéмлю, бéлые кры́ши, дышáть мя́гко, легкó, и в э́то врéмя вспоминáются ю́ные гóды. Бéлые от снéга берёзы бли́же к сéрдцу, чем кипари́сы, и ря́дом с ни́ми ужé не хóчется дýмать о горáх и мóре.

Гýров был москви́ч, вернýлся он в Москвý в хорóший, морóзный день, и когдá надéл шýбу и тёплые перчáтки и прошёлся по Петрóвке, и когдá в суббóту вéчером услы́шал звон колоколóв, то недáвняя поéздка и местá, в котóрых он был, перестáли быть емý интерéсны. Понемнóгу он вновь привы́к к москóвской жи́зни, ужé с интерéсом читáл по три газéты в день и говори́л, что не читáет москóвских газéт из при́нципа. Емý ужé хотéлось в рестораны, клýбы, на обéды, прáздники, и ужé емý бы́ло прия́тно, что у негó бывáют извéстные арти́сты и что в Дóкторском клýбе он игрáет в кáрты с профéссором…

Пройдёт какóй-нибудь мéсяц, и А́нна Сергéевна,

казалось ему, забудется и только редко будет сниться с улыбкой, как снились другие. Но прошло больше месяца, наступила глубокая зима, а в памяти всё было ясно, как будто расстался он с Анной Сергеевной только вчера. И воспоминания становились всё сильнее. Слышал ли он в вечерней тишине в своём кабинете голоса детей или музыку в ресторане, как вдруг вспоминалось всё: и то, что было на набережной, и раннее утро с туманом на горах, и пароход из Феодосии, и поцелуи. Он долго ходил по комнате, и вспоминал, и улыбался, и потом воспоминания переходили в мечты, и прошлое оказывалось рядом с тем, что будет. Анна Сергеевна не снилась ему, а шла за ним везде и наблюдала за ним. Он закрывал глаза и видел её, как живую, и она казалась красивее, моложе, ласковее, чем была; и сам он казался себе лучше, чем был тогда, в Ялте. Она по вечерам смотрела на него из книжного шкафа и из угла, он слышал, как она дышит, слышал ласковый лёгкий шум её одежды. На улице он провожал взглядом женщин, искал, нет ли похожей на неё...

И ему уже очень хотелось рассказать кому-нибудь свои воспоминания. Но дома нельзя было говорить о своей любви, а кроме дома — негде. Не в банке же. И о чём говорить? Разве он любил тогда? Разве было что-нибудь красивое, поэтическое или просто интересное в его отношениях к Анне Сергеевне? И он должен был говорить неясно о любви, о женщинах, и никто не понимал, в чём дело, и только жена говорила:

— Тебе, Димитрий, совсем не идёт эта роль.

Однажды ночью, когда он выходил из Докторского клуба со своим знакомым, Гуров сказал:

— Если б вы знали, с какой прекрасной женщиной я познакомился в Ялте!

Его знакомый собрался уезжать, но вдруг остановился и закричал:

— Дмитрий Дмитрич!

— Что?

— А вы были правы: рыба ведь была несвежая!

Эти слова, такие обычные,

почему́-то вдруг показа́лись Гу́рову гру́быми, нечи́стыми. Каки́е ужа́сные обы́чаи, каки́е ли́ца! Каки́е глу́пые но́чи, каки́е неинтере́сные дни! Игра́ в ка́рты, пья́нство, постоя́нные разгово́ры всё вре́мя об одно́м. На нену́жные дела́ и разгово́ры ухо́дит лу́чшая часть вре́мени, лу́чшие си́лы, и в конце́ концо́в остаётся кака́я-то глу́пая жизнь, и уйти́ и бежа́ть нельзя́!

Гу́ров не спал всю ночь, и зате́м весь день у него́ боле́ла голова́. И в сле́дующие но́чи он спал пло́хо, всё сиде́л в крова́ти и ду́мал и́ли ходи́л из угла́ в у́гол. Он уста́л от дете́й, он уста́л от ба́нка, не хоте́лось никуда́ идти́, ни о чём говори́ть.

В декабре́ на пра́здниках он собра́лся в доро́гу и сказа́л жене́, что уезжа́ет в Петербу́рг по дела́м — и уе́хал в С. Заче́м? Он и сам не знал хорошо́. Ему́ хоте́лось уви́деться с А́нной Серге́евной и поговори́ть, е́сли полу́чится.

Прие́хал он в С. у́тром и за́нял в гости́нице лу́чший но́мер, где был се́рый пол и стол был се́рым от пы́ли. Швейца́р рассказа́л ему́, что фон Ди́дериц живёт на Ста́ро-Гонча́рной у́лице, в со́бственном до́ме, — э́то недалеко́ от гости́ницы, живёт хорошо́, бога́то, име́ет свои́х лошаде́й, его́ все зна́ют в го́роде. Швейца́р говори́л так: Дры́дыриц.

Гу́ров пошёл на Ста́ро-Гонча́рную, нашёл дом. Как раз напро́тив до́ма был забо́р, се́рый и дли́нный.

«От тако́го забо́ра убежи́шь», — ду́мал Гу́ров и смотре́л то на о́кна, то на забо́р.

Он ду́мал: сего́дня выходно́й день, и муж, возмо́жно, до́ма. Да и всё равно́, домо́й к ней идти́ нельзя́. Е́сли же посла́ть запи́ску, то она́, наве́рное, ока́жется в рука́х у му́жа, и тогда́ всё бу́дет пло́хо. Лу́чше всего́ понаде́яться на слу́чай. И он всё ходи́л по у́лице и о́коло забо́ра и ждал э́того слу́чая. Че́рез час он услы́шал игру́ на роя́ле, сла́бые и нея́сные зву́ки. Наве́рное, А́нна Серге́евна игра́ла. Дверь вдруг откры́лась, и из неё вы́шла кака́я-то стару́шка, а за не́ю бежа́ла знако́мая соба́чка. Гу́ров хоте́л позва́ть соба́ку, но у него́ вдруг заби́лось се́рдце, и он от волне́ния не мог вспо́мнить, как её зову́т.

Он ходи́л и всё бо́льше и бо́льше ненави́дел се́рый забо́р, и уже́ ду́мал, что А́нна Серге́евна забы́ла о нём и, быть мо́жет, уже́ прия́тно прово́дит вре́мя с други́м, и э́то так норма́льно для молодо́й же́нщины, кото́рая с утра́ до ве́чера ви́дит э́тот ужа́сный забо́р. Он верну́лся к себе́ в но́мер, до́лго сиде́л на дива́не и не знал, что де́лать, пото́м обе́дал, пото́м до́лго спал.

«Как всё э́то глу́по, — ду́мал он, когда́ просну́лся и посмотре́л на тёмные о́кна: был уже́ ве́чер. — Заче́м я так до́лго спал? Что же я тепе́рь но́чью бу́ду де́лать?»

Он сиде́л на се́рой дешёвой крова́ти и ду́мал: «Вот тебе́ и да́ма с соба́чкой... Вот тебе́ и приключе́ние... Вот и сиди́ тут».

Ещё у́тром, на вокза́ле, он заме́тил большу́ю афи́шу с огро́мными бу́квами: в о́пере была́ премье́ра. Он вспо́мнил об э́том и пое́хал в теа́тр.

«О́чень возмо́жно, что она́ быва́ет на премье́рах», — ду́мал он.

Теа́тр был по́лон. Бы́ло шу́мно. Всё вре́мя, пока́ зри́тели входи́ли и занима́ли места́, Гу́ров иска́л глаза́ми А́нну Серге́евну. Вошла́ и А́нна Серге́евна. Она́ се́ла в тре́тьем ряду́, и когда́ Гу́ров посмотре́л на неё, он по́нял я́сно, что для него́ тепе́рь во всём ми́ре нет бли́же, доро́же и важне́е челове́ка; э́та ма́ленькая же́нщина, кото́рая теря́лась в толпе́, ниче́м не замеча́тельная, была́ тепе́рь всей его́ жи́знью, его́ го́рем, ра́достью, еди́нственным сча́стьем, како́го он тепе́рь жела́л для себя́; и под зву́ки плохо́го орке́стра он ду́мал о том, как она́ хороша́. Ду́мал и мечта́л.

Вместе с Анной Сергеевной вошёл и сел рядом очень высокий молодой человек; пока он шёл, казалось, что он постоянно всем кланялся. Наверное, это был муж, которого она тогда в Ялте с горьким чувством назвала лакеем. И в самом деле, в его длинной фигуре было что-то от лакея, улыбался он сладко и был очень похож на лакея.

В первом перерыве муж ушёл курить, она осталась в кресле. Гуров подошёл к ней и сказал неестественно, с улыбкой:

— Здравствуйте.

Она посмотрела на него и побледнела, потом ещё раз посмотрела с ужасом и не поверила своим глазам. И он, и она молчали. Она сидела, он стоял и боялся сесть рядом. Стало вдруг страшно, казалось, что все на них смотрят. Но вот она встала и быстро пошла к выходу; он — за ней, и они шли по коридорам, по лестницам, то поднимались, то спускались; перед ними проходили какие-то люди в форме, какие-то дамы, дул ветер, пахло табаком. И Гуров, у которого сильно билось сердце, думал:

«О, господи! И к чему эти люди, этот оркестр...»

И в эту минуту он вдруг вспомнил, как тогда вечером на станции он проводил Анну Сергеевну и говорил себе, что всё кончилось и они уже никогда не увидятся. Но как ещё далеко было до конца!

На узкой тёмной лестнице она остановилась.

— Как вы меня испугали! — сказала она, всё ещё бледная и взволнованная. — О, как вы меня испугали! Я чуть жива. Зачем вы приехали? Зачем?

— Но поймите, Анна, поймите... — проговорил он быстро, вполголоса. — Прошу вас, поймите...

Она смотрела на него со страхом, с любовью, смотрела внимательно, чтобы получше запомнить его лицо.

— Я так страдаю! — продолжала она и не слушала его. — Я всё время думала только о вас, я жила мыслями о вас. И мне хотелось забыть, забыть, но зачем, зачем вы приехали?

Выше на лестнице два гимназиста курили и смотрели вниз, но Гурову было всё равно, он привлёк к себе Анну Сергеевну и стал целовать её лицо, щёки, руки.

— Что вы делаете, что вы делаете! — говорила она в ужасе. — Мы с вами потеряли голову. Уезжайте сегодня же, уезжайте сейчас... Прошу вас... Сюда идут!

По лестнице снизу вверх кто-то шёл.

— Вы должны уехать... — тихо продолжала Анна Сергеевна. — Слышите, Дмитрий Дмитрич. Я приеду к вам в Москву. Я никогда не была счастлива, я теперь несчастна и никогда, никогда не буду счастлива, никогда! Не делайте так, чтобы я страдала ещё больше! Обещаю, я приеду в Москву. А теперь расстанемся! Мой милый, добрый, дорогой мой, расстанемся!

Она стала быстро спускаться вниз и всё смотрела на него, и по глазам её было видно, что она в самом деле не была счастлива. Гуров постоял немного, послушал, потом, когда всё вокруг стало тихо, взял своё пальто и ушёл из театра.

## Задания

Закончите фразы, выбрав правильный ответ. Проверьте себя по ключу.

1. Когда Дмитрий Дмитриевич приехал в Москву,
    а) ему сразу же захотелось ещё раз встретиться с Анной Сергеевной.
    б) он с лёгкостью вернулся к привычной жизни.
    в) он перестал ездить на праздники и в Докторский клуб.

2. Через некоторое время воспоминания о летнем романе
    а) перестали волновать Гурова.
    б) показались ему глупыми.
    в) стали ярче и яснее.

3. Главный герой
    а) мечтал о новой встрече с Анной Сергеевной.
    б) снова стал встречаться с разными женщинами.
    в) стал верным мужем и забыл о своих старых романах.

4. Гуров решил, что
    а) он должен послать Анне Сергеевне письмо.
    б) лучше поехать в город С.
    в) пора собираться в Петербург.

5. Город, в котором жила Анна Сергеевна,
    а) показался Гурову скучным.
    б) очень понравился Гурову.
    в) был похож на все южные города.

**6. Гуров нашёл дом Анны Сергеевны и**
   а) долго ходил рядом с ним.
   б) послал по этому адресу записку.
   в) пошёл к ней в гости.

**7. Вечером Дмитрий Дмитриевич пошёл в театр, потому что**
   а) надеялся увидеть там Анну Сергеевну.
   б) всегда ходил на премьеры.
   в) был уверен, что встретит там Анну Сергеевну.

**8. Когда Гуров заметил среди публики Анну Сергеевну,**
   а) ему показалось, что она очень изменилась.
   б) он подумал, что она совсем не изменилась.
   в) он понял, что это единственное счастье в его жизни.

**9. В тот день Анна Сергеевна была в театре**
   а) одна.
   б) с подругой.
   в) с мужем.

**10. Анна Сергеевна увидела Гурова и**
   а) улыбнулась ему, а потом вышла из зала.
   б) первая заговорила с ним.
   в) испугалась.

**11. Их разговор происходил**
   а) в театральном зале.
   б) на лестнице.
   в) около театра.

**12. Во время свидания Анна Сергеевна сказала, что**
   а) она очень несчастна.
   б) она рада его видеть.
   в) они должны забыть друг друга.

**13. Анна Сергеевна**
   а) долго плакала и ничего не могла сказать.
   б) обрадовалась этой новой встрече и страстно поцеловала Гурова.
   в) смотрела на Гурова с любовью и страхом и просила уехать.

**14. Когда они разговаривали,**
   а) муж Анны Сергеевны заметил их.
   б) на них смотрел весь зал.
   в) их видели только два гимназиста.

**15. В конце свидания Анна Сергеевна**
   а) попрощалась с Гуровым навсегда.
   б) запретила ему приезжать к ней.
   в) сказала, что они увидятся в Москве.

**Ключи**
1.б  2.в  3.а  4.б  5.а  6.а  7.а  8.в  9.в  10.в  11.б  12.а
13.в  14.в  15.в

# 4

И Анна Сергеевна стала приезжать к нему в Москву. Раз в два-три месяца она уезжала из С. и говорила мужу, что едет посоветоваться с профессором о своей женской болезни, — и муж верил и не верил. В Москве она останавливалась в «Славянском базаре» и сразу же посылала к Гурову человека в красной шапке. Гуров ходил к ней, и никто в Москве не знал об этом.

Однажды он шёл к ней в зимнее утро. С ним шла его дочь, которую хотелось ему проводить в гимназию, это было по дороге. Шёл снег.

— Теперь три градуса тепла, но идёт снег, — говорил Гуров дочери. — Но ведь тепло́ то́лько на земле́, а наверху́ в атмосфе́ре совсе́м друга́я температу́ра.

— Па́па, а почему́ зимо́й не быва́ет гро́ма?

Он объясни́л и э́то. Он говори́л и ду́мал о том, что вот он идёт на свида́ние и ни одна́ душа́ не зна́ет об э́том и, возмо́жно, никогда́ не бу́дет знать. У него́ бы́ли две жи́зни: одна́, кото́рую ви́дели и зна́ли все, кому́ э́то ну́жно бы́ло, по́лная обма́на, о́чень похо́жая на жизнь его́ знако́мых и друзе́й, и друга́я — та́йная. Всё, что бы́ло для него́ ва́жно, интере́сно, необходи́мо, в чём он не обма́нывал себя́, происходи́ло та́йно от други́х, всё же, что бы́ло его́ непра́вдой, наприме́р, его́ рабо́та в ба́нке, его́ «ни́зшая ра́са», то, как он спо́рил в клу́бе, ходи́л с жено́й на пра́здники, — э́то ви́дели и зна́ли все. И так роди́ло́сь его́ мне́ние о други́х: он не ве́рил тому́, что ви́дел, и всегда́ ду́мал, что у ка́ждого челове́ка есть его́ настоя́щая, са́мая интере́сная жизнь. Ка́ждая жизнь де́ржится на та́йне, и, наве́рное, поэ́тому культу́рный челове́к так хо́чет, что́бы уважа́ли его́ та́йну.

Гу́ров проводи́л дочь в гимна́зию и пошёл в «Славя́нский база́р». Он снял шу́бу внизу́, подня́лся наве́рх и ти́хо постуча́л в дверь. А́нна Серге́евна, в его́ любимом сером платье, усталая после дороги, ждала его со вчерашнего вечера; она была бледна, смотрела на него и не улыбалась, и когда он вошёл, она сразу же обняла его. Как будто они не виделись года два, поцелуй их был долгий, длинный.

— Ну, как живёшь там? — спросил он. — Что нового?

— Подожди, сейчас скажу... Не могу.

Она не могла говорить, потому что плакала. Встала к нему спиной и поднесла платок к глазам.

«Ну, пусть поплачет, а я пока посижу», — подумал он и сел в кресло.

Потом он позвонил и сказал, чтобы ему принесли чаю; и потом, когда пил чай, она всё стояла к нему спиной... Она плакала от волнения, от мысли, что их жизнь так грустна; они видятся только тайно. Разве можно так жить?

— Ну, перестань! — сказал он.

Для него было ясно, что эта их любовь кончится ещё не скоро, неизвестно когда. Анна Сергеевна привыкала к нему всё сильнее, очень любила его, и было бы невозможно сказать ей, что всё это должно же иметь когда-нибудь конец; да она бы и не поверила этому.

Он подошёл к ней и взял её за плечи, чтобы приласкать, пошутить, и в то время увидел себя в зеркале. Голова его уже становилась седой. И ему показалось странным, что он так постарел за последние годы.

Плéчи, на котóрых лежáли егó рýки, бы́ли теплы́ и дрожáли. Он пожалéл э́ту жизнь, ещё такýю тёплую и краси́вую, но, навéрное, ужé бли́зкую к томý, чтóбы начáть вя́нуть, как егó жизнь. За что онá егó лю́бит так? Он всегдá казáлся жéнщинам не тем, кем был, и они́ люби́ли в нём не егó самогó, а человéка, котóрого придýмывали и котóрого они́ в своéй жи́зни óчень искáли; и потóм, когдá замечáли свою́ оши́бку, то всё равнó люби́ли. И ни однá из них не былá с ним счáстлива. Врéмя шло, он знакóмился, расставáлся, но ни рáзу не люби́л; бы́ло всё, но тóлько не любóвь.

И тóлько тепéрь, когдá у негó головá стáла седóй, он полюби́л по-настоя́щему — пéрвый раз в жи́зни.

А́нна Сергéевна и он люби́ли друг дрýга, как óчень бли́зкие, родны́е лю́ди, как муж и женá, как хорóшие друзья́; им казáлось, что самá судьбá вы́брала их друг для дрýга, и бы́ло непоня́тно, для чегó он женáт, а онá зáмужем; и как бýдто э́то бы́ли две перелётные пти́цы, котóрых поймáли, и тепéрь они́ должны́ жить в рáзных клéтках. Они́ прости́ли друг дрýгу то, чегó стыди́лись в своём прóшлом, прощáли всё сейчáс и чýвствовали, что любóвь измени́ла их.

Рáньше в грýстные минýты он успокáивал себя́ разными мы́слями, каки́е то́лько приходи́ли ему́ в го́лову, тепе́рь же ему́ бы́ло не до мы́слей, он чу́вствовал жа́лость, хоте́лось быть че́стным, ла́сковым...

— Переста́нь, моя́ хоро́шая, — говори́л он, — попла́кала — и хва́тит... Тепе́рь дава́й поговори́м, что́-нибудь приду́маем.

Пото́м они́ до́лго сове́товались, говори́ли о том, как сде́лать, что́бы не встреча́ться та́йно, не обма́нывать, не жить в ра́зных города́х, ча́ще ви́деться.

— Как? Как? — спра́шивал он с волне́нием. — Как?

И каза́лось, что ещё немно́го — и они́ найду́т реше́ние, и тогда́ начнётся но́вая, прекра́сная жизнь; и им бы́ло я́сно, что до конца́ ещё далеко́-далеко́ и что са́мое сло́жное и тру́дное то́лько ещё начина́ется.

## Задания

Закончите фразы, выбрав правильный ответ. Проверьте себя по ключу.

1. Анна Сергеевна бывала в Москве
   а) каждые два-три месяца.
   б) два-три месяца в году.
   в) два-три раза.

2. О романе Гурова с Анной Сергеевной
   а) никто не знал.
   б) говорили все знакомые.
   в) знали только очень близкие друзья.

3. Однажды Гуров пошёл на свидание и взял свою дочь, потому что
   а) хотел познакомить её с Анной Сергеевной.
   б) её гимназия была по дороге.
   в) она сама захотела пойти с ним.

4. Последнее свидание героев происходит
   а) в театре, во время спектакля.
   б) на новом месте, где они раньше никогда не встречались.
   в) в гостинице, к которой они уже привыкли.

5. В этот приезд Анна Сергеевна показалась Гурову
   а) ещё красивее и моложе, чем обычно.
   б) невесёлой и очень усталой.
   в) счастливой и уверенной в себе.

**6. За последнее время Гуров**
   а) постарел.
   б) мало изменился.
   в) стал другим человеком.

**7. Дмитрий Дмитриевич думает, что**
   а) он слишком поздно полюбил по-настоящему.
   б) чувство любви незнакомо ему.
   в) он любил много раз, но не всегда понимал это.

**8. Их любовь**
   а) была настоящим большим чувством.
   б) казалась им ошибкой.
   в) была коротка.

**9. Гуров пришёл на последнее свидание, чтобы**
   а) сказать, что их роман должен закончиться.
   б) ещё раз, как обычно, увидеть Анну Сергеевну.
   в) сказать, что он готов развестись.

**10. Главные герои**
   а) уверены, что скоро их жизнь может измениться.
   б) сомневаются, что что-то можно быстро изменить.
   в) надеются, что кто-то поможет им найти решение всех проблем.

# ДАМА С СОБАЧКОЙ

직독 직해

# 1

**Говори́ли, что / на на́бережной[1] / появи́лось но́вое лицо́: /**
(사람들이) 말했다   해변길에              새로운 얼굴이 나타났다

**да́ма[2] с соба́чкой. // Дми́трий Дми́трич Гу́ров, / кото́рый**
개를 데리고 다니는 여인이었다.   드미뜨리 드미뜨리치 구로프는

**про́жил в Я́лте[3] / уже́ две неде́ли / и привы́к тут, / то́же**
얄따에서 지낸        이미 2주동안         그리고 여기에 적응한    또한

**стал интересова́ться / но́выми ли́цами. // Он сиде́л /**
관심을 갖기 시작했다         새로운 사람들에게.           그는 앉아서

**в павильо́не у[4] Верне́ / и смотре́л, / как по на́бережной /**
베르네의 파빌리온에서          보았다              해변길을 따라

**прошла́ молода́я да́ма, / невысо́кая блонди́нка[5], / в бе-**
젊은 부인이 지나가는 것을         키가 크지 않은 금발 여인이       베레모

**ре́те[6]; / за ней / бежа́ла бе́лая соба́чка. //**
를 쓴      그녀의 뒤를 따라  흰 개가 달려갔다.

**И пото́м / он встреча́л её / в городско́м саду́ / по не́сколь-**
그 후          그는 그녀를 마주쳤다     시내 정원에서          하루에 몇 번씩.

**ку раз в день. // Она́ гуля́ла одна́, / всё вре́мя / в том же**
                        그녀는 혼자 산책했다       언제나         같은 베레모를

**бере́те, / с бе́лой соба́чкой; / никто́ не знал, / кто она́, / и**
쓰고         흰 개와 함께              아무도 몰랐다        그녀가 누구인지

**называ́ли её / про́сто так: / да́ма с соба́чкой. //**
그래서 그녀를 불렀다   그냥         개를 데리고 다니는 여인이라고.

56 🌿 ДА́МА С СОБА́ЧКОЙ 🌿

«Если она́ здесь / без му́жа и без знако́мых, / – ду́мал
만일 그녀가 여기에 있다면    남편이나 아는 사람 없이                구로프는

Гу́ров, / – то бы́ло бы не ли́шнее / познако́миться с ней». //
생각했다       나쁘지 않을 거야            그녀와 인사를 나누는 것이.

Ему́ не́ было ещё сорока́, / но у него́ была́ / уже́ дочь
그는 아직 마흔이 되지 않았다        그러나 그에게는 있었다

двена́дцати лет / и два сы́на гимнази́ста[7]. // Его́ жени́ли
이미 12살 난 딸      그리고 김나지움 학생인 두 아들이.    그를 일찍 결혼시켰

ра́но, / когда́ он был ещё студе́нтом / второ́го ку́рса, /
다       그가 아직 학생이었을 때                      2학년의

и тепе́рь жена́ каза́лась / в полтора́ ра́за / ста́рше его́. //
그리고 이제 아내는 ~같았다        1.5배              그보다 나이가 들어보였다.

Э́то была́ же́нщина / высо́кая, пряма́я, ва́жная / и, как
그녀는 여자였다         키가 크고, 꼿꼿하고, 거만한            그리고

она́ сама́ себя́ называ́ла, / мы́слящая.[8] // Она́ мно́го
그녀는 자신을 일컬어              생각할 줄 아는.       그녀는 독서를 많이

чита́ла, / не писа́ла в пи́сьмах «ъ»[9], / называ́ла му́жа /
했고         편지에는 ъ를 쓰지 않았고                  남편을 불렀다

1 набережная 해안도로, 해변길 | 2 дама 부인, 숙녀 | 3 Ялта 흑해 연안 크림반도에 있는 유명한 휴양 도시로 안똔 체홉이 이곳에서 말년을 보냈다. | 4 павильон 파빌리온, 정자 | 5 блондинка 금발여자 | 6 берет 베레모 | 7 гимназист 김나지움 남학생 | 8 мыслящий 동사 мыслить(생각하다, 사색하다)의 형동사형 | 9 «ъ» 알파벳 예르 또는 경음 부호. 1917–1918년의 철자법 개혁 전에는 단어 끝의 경자음 다음에 쓰였다. 이 알파벳 없이도 마지막 자음은 경음으로 발음되기 때문에 불필요한 것으로 인정되었다. 개혁 이전에는 이 불필요한 '예르'를 표시하기 위해 850만 페이지가 들어갔다. 개혁 후 이 글자는 경자음 구별용으로만 남게 되었다.

не Дми́трием, / а Дими́трием, / а он вта́йне[1] / счита́л её /
드미뜨리가 아니라    지미뜨리라고    그러나 그는 속으로    그녀를 간주했다

глу́пой, у́зкой, / боя́лся её / и не люби́л быва́ть до́ма. //
어리석고, 편협하다고   (그는) 그녀를 두려워했다   그리고 집에 있기를 싫어했다.

Изменя́ть[2] ей / он на́чал / уже́ давно́, / изменя́л ча́сто /
그녀를 배신하는 것을   그는 시작했다   이미 오래전에   (그리고) 자주 배신했다

и, возмо́жно, / поэ́тому / о же́нщинах говори́л / почти́
그리고 어쩌면   그래서   여자들에 대해 말했다   거의

всегда́ пло́хо, / называ́л их «ни́зшая[3] ра́са[4]». //
언제나 나쁘게   (그리고) 그들을 '가장 저급한 족속'이라고 불렀다.

Но без «ни́зшей ра́сы» / он не мог бы прожи́ть / и двух
그러나 '가장 저급한 족속'없이는   그는 살지 못했을 것이다   이틀도.

дней. // В о́бществе мужчи́н / ему́ бы́ло ску́чно, с ни́ми
남자들의 모임에서는   그는 지루했다   그들과는

он ма́ло говори́л, / был хо́лоден, / но когда́ находи́лся /
적게 이야기했고   냉랭했다   그러나 놓일 때에는

среди́ же́нщин, / то чу́вствовал себя́ свобо́дно / и знал, /
여자들 사이에   편안하게 느꼈다   그리고 알았다

о чём говори́ть с ни́ми / и как вести́ себя́; / и да́же мол-
그들과 무엇에 대해 이야기해야 할지를   그리고 어떻게 행동할지를   그리고 심지어

ча́ть с ни́ми / ему́ бы́ло легко́. // В его́ хара́ктере, / во
그들과는 말 없이 있는 것도   그에게는 쉬웠다.   그의 성격에는

всей его́ приро́де / бы́ло что́-то, / что привлека́ло[5] / к
그의 천성 자체에는   무언가가 있었다   끌어당기는

нему́ же́нщин; / он знал об э́том, / и самого́ его́ то́же /
그에게 여자들을   그도 이것을 알고 있었다   그리고 그 자신을 또한

кака́я-то си́ла / влекла́[6] к ним. //
어떤 힘이          여자들에게로 끌어당겼다.

Большо́й о́пыт, / в са́мом де́ле / го́рький о́пыт, / научи́л
많은 경험이        실제로는         쓰디쓴 경험이        오래전에

его́ давно́, / что любо́й рома́н, / кото́рый снача́ла ка́же-
그에게 가르쳐 주었다  어떤 연애도       처음에는 ~ 로 보이는

тся / ми́лым и лёгким приключе́нием[7], / у поря́дочных[8]
사랑스럽고 가벼운 일로                              점잖은 사람들에게서는

люде́й, / осо́бенно / у нереши́тельных[9] москвиче́й, / обя-
         특히        결단력 없는 모스끄바 사람들에게서는

за́тельно выраста́ет / в це́лую зада́чу, / о́чень сло́жную
반드시 발전한다        완전한 문젯거리로      매우 복잡하고 불쾌한

и неприя́тную. // Но при ка́ждой но́вой встре́че / с ин-
문젯거리로.          그러나 매번 새로운 만남 때마다

тере́сной же́нщиной / э́тот о́пыт / ка́к-то забыва́лся, /
흥미로운 여성과의        이 경험은       어쩐지 잊혀지고

и хоте́лось жить, / и всё каза́лось / так про́сто.//
시도해 보고 싶어지고   모든 것이 여겨졌다    매우 단순하게.

И вот / одна́жды ве́чером / он обе́дал / в саду́, / а да́ма в
이런 차에  어느 저녁에              그는 식사를 했다  정원에서   그런데

1 втайне 몰래, 비밀리에 | 2 изменять *кому-чему* 배신하다, 반역하다 | 3 низший 형용사 низкий의 최상급 | 4 раса 인종, 종족 | 5 привлекать НСВ – привлечь СВ 끌어 당기다, 마음을 끌다 | 6 влечь НСВ – повлечь СВ 끌어 당기다 | 7 приключение 사건, 일, 모험 | 8 порядоч-ный 고상한, 점잖은 | 9 нерешительный 우유부단한, 결단성 없는

берете / ме́дленно подходи́ла, / что́бы заня́ть сосе́дний
베레모를 쓴 여인이   천천히 다가왔다        옆 자리에 앉기 위해서.

стол. // Всё в ней / говори́ло ему́, что / она́ из поря́доч-
           그녀의 모든 것이  그에게 이야기했다       그녀가 점잖은 사회

ного о́бщества, / за́мужем, / в Я́лте в пе́рвый раз / и
출신이고         기혼이며     얄따에는 처음이고

одна́, / что ей ску́чно здесь… // Когда́ да́ма се́ла / за
혼자이고  그래서 이곳에서 쓸쓸하다고…    여인이 앉았을 때

сосе́дний стол / недалеко́ от него́, / он вспо́мнил рас-
옆 자리에         그의 가까이에 있는    그는 이야기들을 떠올렸다

ска́зы / о лёгких побе́дах, / о пое́здках в го́ры, / и ему́
          쉬운 정복에 대한         산으로의 여행에 관한      그리고

вдруг / пришла́ в го́лову мысль / о коро́ткои рома́не /
그에게 갑자기  머리속에 생각이 떠올랐다    짧은 연애에 대한

с неизве́стною же́нщиной, / кото́рой не зна́ешь / по
모르는 여자와              알지 못하는

и́мени и фами́лии. //
이름과 성을.

Он ла́сково[1] / позва́л к себе́ соба́чку / и, когда́ та подо-
   그는 다정하게    자신에게로 강아지를 불렀다    그리고 강아지가 다가왔을

шла́, / погрози́л[2] ей па́льцем. // Соба́чка заворча́ла[3]. //
때       손가락으로 위협했다.           강아지가 으르렁거렸다.

Гу́ров опя́ть погрози́л. //
구로프는 다시 위협했다.

Да́ма посмотре́ла на него́ / и сра́зу же / отвела́[4] глаза́. //
여인은 그를 쳐다보았다            그리고 곧바로       시선을 돌렸다.

– Она́ не куса́ется[5], / – сказа́ла она́ / и покрасне́ла[6].
물지 않아요   그녀가 말했다   그리고 얼굴을 붉혔다

– Мо́жно дать / ей что́-нибудь? / – И когда́ она́ ска-
줘도 될까요   강아지에게 뭔가를   그리고 그녀가 "네" 하고

за́ла «да», / он спроси́л приве́тливо[7]: /
답하자   그가 정중하게 물었다

– Вы давно́ / прие́хали в Я́лту?
당신은 오래전에  얄따에 왔나요?

– Дней пять. //
5일 정도 되었어요.

– А я уже́ живу́ здесь / почти́ две неде́ли. //
저는 이미 여기서 지내고 있습니다  거의 2주를.

Помолча́ли немно́го. //
(그들은) 잠시 침묵했다.

– Вре́мя идёт бы́стро, / и здесь так ску́чно! / – сказа́ла
시간이 빨리 가네요   그리고 이곳은 참 지루해요   그녀가 말했

она́. //
다.

– Э́то то́лько / обы́чно говоря́т, / что здесь ску́чно. //
그건 그저   그렇게들 말하는 겁니다   여기는 지루하다고.

1 ласковый 상냥한, 정다운 | 2 погрозить СВ – грозить НСВ чем 위협하다, 위협하는 손짓을 하다 | 3 заворчать СВ – ворчать НСВ 으르렁거리다 | 4 отвести СВ - отводить НСВ 데리고 가다, 가져가다, (옆으로) 옮기다 | 5 кусаться 물다, 깨물다 | 6 покраснеть СВ – краснеть НСВ 빨갛게 되다, 부끄러워하다 | 7 приветливый 공손한, 친절한

Живёт челове́к / у себя́ / где́-нибудь / в Белёве или Жи́здре[1] / – и ему́ не ску́чно, / а прие́дет сюда́: / «Ах, ску́чно! Ах, пыль[2]!» // Поду́маешь, что / он из Грена́ды[3] прие́хал. //

Она́ засмея́лась. // Пото́м они́ продолжа́ли есть / в молча́нии, / как незнако́мые; но по́сле обе́да / пошли́ ря́дом / – и начался́ / лёгкий весёлый разгово́р / люде́й свобо́дных, дово́льных, / кото́рым всё равно́, / куда́ бы ни идти́, / о чём ни говори́ть. // Они́ гуля́ли / и говори́ли о том, / како́й стра́нный свет / па́дает на мо́ре; / вода́ была́ / тако́го мя́гкого и тёплого цве́та, / и по ней от луны́ / шла золота́я доро́жка. // Гу́ров рассказа́л, что / он москви́ч, / по образова́нию фило́лог, / но рабо́тает в ба́нке; / гото́вился когда́-то / петь в о́пере, / но бро́сил,

имеет в Москве два дома... // А от неё / он узнал, что /
모스끄바에 집을 두 채 가지고 있다고... 한편 그녀로부터 그는 ~을 알았다

она выросла / в Петербурге, / но вышла замуж в С., /
그녀가 자랐다 뻬쩨르부르그에서 그러나 S시로 시집을 갔다

где живёт уже два года, / что пробудет[4] она в Ялте / боль-
이미 2년째 살고 있는 얄따에서 그녀는 있을 것이다

ше месяца / и за ней, / быть может, / приедет её муж, /
한 달 이상 그리고 그녀를 뒤따라 아마도 그녀의 남편이 올 것이다

которому тоже хочется отдохнуть. // Она никак не могла
역시 쉬고 싶어 하는. 그녀는 어떻게 해도 설명할 수

объяснить, / где работает / её муж, / и это ей самой /
없었다 어디에서 일하는지 그녀의 남편이 그리고 이것은 그녀

было смешно. // И узнал ещё Гуров, / что её зовут Анной
자신에게도 우스웠다. 그리고 또한 구로프는 알게 되었다 그녀의 이름이 안나

Сергеевной. //
세르게예브나라는 것을.

Потом у себя в номере[5] / он думал о ней, / о том, что зав-
그 후 자기 방에서 그는 그녀에 대해 생각했다 (그리고) 내일

тра / она, наверное, / встретится с ним. // Так должно
그녀가, 아마도 그와 만날 것이라고. 분명히 그렇게 될 것

1 Белёв, Жиздра 중부 러시아의 잘 알려지지 않은 작은 도시들 | 2 пыль (여) 먼지 | 3 Гренада 그라나다. 19세기 및 20세기 초 러시아 문화에서 이 안달루시아 도시와 스페인은 낭만적이고 이국적이며 신비로운 것의 상징이었다. | 4 пробыть (일정 시간을) 머물다, 체류하다 | 5 номер 번호, (호텔 등의) 방

быть. // Перед сном / он вспомнил, что / она ещё так
이다.　　잠들기 전에　　　그는 ~을 생각해냈다　　　그녀가 얼마전까지도

недавно / была гимназисткой[1], / училась всё равно /
　　　　김나지움 여학생이었고　　　똑같이 공부했다

как теперь его дочь, / вспомнил, / сколько ещё несме-
지금 그의 딸처럼　　　(또한) 생각했다　얼마만큼의 소심함과 조심스러움

лости, нерешительности было / в её смехе, / в разгово-
이 있었는지를　　　　　　　　그녀의 웃음에　　낯선 사람들과의

ре с незнакомым, / – должно быть, / это первый раз в
대화 속에　　　　　　　분명히　　　　이것은 난생 처음이다

жизни / она была одна, / в такой ситуации, / когда за
　　　그녀가 혼자 놓인 것　　이런 상황에　　　　(사람들이) 그녀

ней ходят / и на неё смотрят, / и говорят с ней / только с
를 따라다니고　그리고 그녀를 쳐다보고　그녀와 이야기하는　오직 하나의

одной тайной целью, / и она не может не понимать это-
비밀스런 목적을 가지고　　　그리고 그녀 역시 이것을 이해하지 못할 리가 없었다

го. / Вспомнил он / её тонкую, слабую шею, / красивые
　　　그는 생각했다　　그녀의 가늘고 연약한 목을　　　　아름다운

серые глаза. //
회색 눈을.

«Что-то в ней / есть жалкое всё-таки[2]», / – подумал он /
'그녀에게는 무언가　여하튼 안쓰러운 것이 있다'　　　그는 생각했다

и лёг спать. //
그리고 잠자리에 들었다.

# 2

Прошла́ неде́ля / по́сле знако́мства. // Был пра́зднич-
한 주가 지났다 　　　　　인사를 나눈 후에. 　　　　축제일이었다.

ный день. // В ко́мнатах / бы́ло ду́шно³, / а на у́лице /
　　　　　　　　실내는　　　　답답했다　　　　　　그러나 밖에는

дул⁴ ве́тер. // Весь день / хоте́лось пить, / и Гу́ров ча́сто /
바람이 불었다.　　하루 종일　　갈증이 났다　　　　그래서 구로프는 자주

заходи́л в павильо́н / и предлага́л А́нне Серге́евне / то
파빌리온에 들렀다　　　　그리고 안나 세르게예브나에게 권했다

во́ду, то моро́женое. // Идти́ бы́ло не́куда. //
물이나 아이스크림을.　　　갈 곳이 없었다.

Ве́чером, / когда́ пого́да ста́ла лу́чше, / они́ пошли́ на
저녁에　　날씨가 나아지자　　　　　　　그들은 해변길로 나갔다

на́бережную, / что́бы посмотре́ть, / как придёт паро-
　　　　　　　보기 위해서　　　　　　기선이 오는 것을.

хо́д⁵. // На на́бережной / бы́ло мно́го люде́й; / собрали́сь
해변길에는　　　　사람들이 많이 있었다

**1** гимнази́стка 김나지움 여학생 | **2** всё-таки 그래도 역시 | **3** душный 무더운, 숨막히는 | **4** дуть 바람이 불다 | **5** парохо́д 기선

встречáть когó-то, / держáли букéты[1] цветóв. //
(그들은) 누군가를 만나러 왔다 (그들은) 꽃다발을 들고 있었다.

И тут мóжно бы́ло / легкó замéтить / две осóбенности /
그리고 ~할 수 있었다 쉽게 알아보다 두 특수한 무리를

наря́дной[2] я́лтинской толпы́[3]: / стáрые дáмы бы́ли одé-
차려입은 얄따 사람들의 나이 든 부인들은 입고 있었다

ты / как молоды́е, / и бы́ло мнóго генерáлов. //
젊은 사람들처럼 그리고 많은 장군들이 있었다.

 Из-за плохóй погóды / парохóд пришёл пóздно, / когдá
악천후 때문에 기선은 늦게 도착했다

ужé сéло сóлнце. // Áнна Сергéевна смотрéла на парохóд /
이미 해가 진 후에. 안나 세르게예브나는 기선을 보고 있었다

и на пассажи́ров, / как бу́дто искáла знакóмых, / и ког-
그리고 승객들을 마치 아는 사람들을 찾는 듯이

дá обращáлась к Гу́рову, / то глазá у неё горéли.[4] // Онá
그리고 구로프를 향했을 때 그녀의 눈은 반짝였다. 그녀는

мнóго говори́ла, / и её вопрóсы бы́ли корóткими, / и онá
이야기를 많이 했다 그리고 그녀의 질문들은 짧았다 그리고

самá / срáзу же забывáла, / о чём спрáшивала. //
그녀 자신이 곧바로 잊어버렸다 무엇에 대해 물었는지를.

 Лю́ди нáчали уходи́ть, / ужé совсéм не́ было вéтра, / а
사람들은 떠나기 시작했다 이미 바람도 전혀 없었다

Гу́ров и Áнна Сергéевна стоя́ли, / как бу́дто ждáли когó-
하지만 구로프와 안나 세르게예브나는 서 있었다 누군가를 기다리는 듯이.

то. // Áнна Сергéевна ужé молчáла / и не смотрéла на
안나 세르게예브나는 말이 없었다 그리고 구로프는 쳐다보지

Гу́рова. //
앉았다.

– Пого́да к ве́черу / ста́ла полу́чше, / – сказа́л он. //
저녁이 되니 날씨가   좋아졌군요           그가 말했다.

– Куда́ же мы тепе́рь пойдём? // Не пое́хать ли нам
이제 어디로 갈까요?              어디로든 갈까요?

куда́-нибудь? //

Она́ ничего́ не отве́тила. //
그녀는 아무 대답도 하지 않았다.

Тогда́ он внима́тельно / посмотре́л на неё / и вдруг
그때 그는 유심히          그녀를 바라보았다         그리고 갑자기

о́бнял⁵ её / и поцелова́л в гу́бы⁶, / и сра́зу же он / со
그녀를 끌어안았다  그리고 입술에 입을 맞췄다   그리고 갑자기 그는

стра́хом⁷ посмотре́л: / не ви́дел ли кто? //
두려운 표정으로 쳐다봤다     누가 보지는 않았을까?

– Пойдёмте к вам… / – сказа́л он ти́хо. //
당신 방으로 갑시다           그가 조용히 말했다.

И они́ пошли́ бы́стро. //
그리고 그들은 빠르게 걸어갔다.

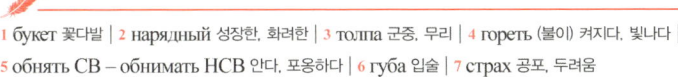

1 буке́т 꽃다발 | 2 наря́дный 성장한, 화려한 | 3 толпа́ 군중, 무리 | 4 горе́ть (불이) 켜지다, 빛나다 |
5 обня́ть СВ – обнима́ть НСВ 안다, 포옹하다 | 6 губа́ 입술 | 7 страх 공포, 두려움

У неё в номере / было душно, / пахло¹ духами², / которые

она купила / в японском магазине. // Гуров смотрел на

неё теперь / и думал: «Каких только не бывает в жизни

встреч!» // От прошлого / у него осталось / воспоминание /

о добрых женщинах, / весёлых от любви, / благодарных

ему за счастье, / хотя бы очень короткое; / и о таких,

– как, например, его жена, / – которые любили с лиш-

ними разговорами, / неестественно, / как будто то

была / не любовь, не страсть³, / а что-то более важное; /

и о таких двух-трёх, / очень красивых, / холодных,

у которых было желание взять / у жизни больше, / чем

она может дать, / и это были не первой молодости, / не

умные женщины, / и когда Гуров переставал их любить, /

то ненави́дел[4] их красоту́. //
그들의 미모도 증오하게 되었다.

Но тут всё / та же несме́лость / нео́пытной мо́лодости, /
그러나 지금의 모든 것도   마찬가지의 소심함이고   미숙한 젊음의

нереши́тельность. // А́нна Серге́евна, / э́та «да́ма с со-
조심스러움이었다.   안나 세르게예브나,   이 '개를 데리고 다니는

ба́чкой», / к тому́, что произошло́, отнесла́сь / ка́к-то
여인'은   일어난 일에 대해서 ~하게 대했다

осо́бенно, / о́чень серьёзно, / как к своему́ паде́нию[5], /
어쩐지 유별나게   매우 심각하게   자신의 타락처럼

– так каза́лось, / и э́то бы́ло стра́нно / и не к ме́сту. //
그렇게 생각되었다   그리고 이것은 이상하고   적절치 않게.

Она́ гру́стно сиде́ла / и ду́мала, / и была́ похо́жа на гре́ш-
그녀는 슬픈 모습으로 앉아   생각에 잠겨 있었다.   죄인을 닮아 있었다

ницу[6] / со ста́рой карти́ны. //
오래된 그림 속에서 나온.

– Нехорошо́, / – сказа́ла она́. // – Вы же пе́рвый /
옳지 않아요   그녀가 말했다.   당신이 처음이에요

меня́ не уважа́ете тепе́рь. //
나를 이제 얕보는.

**1** па́хнуть 냄새가 나다 | **2** духи́ (복수만) 향수 | **3** страсть 욕망, 열정 | **4** ненави́деть 미워하다, 증오하다 | **5** паде́ние 낙하, 타락, 멸망 | **6** гре́шница 큰 죄를 지은 여자

На столе́ в но́мере / был арбу́з[1]. // Гу́ров отре́зал себе́ кусо́к[2] / и стал ме́дленно есть. // Прошло́ полчаса́ / в молча́нии. //

Áнна Серге́евна была́ / чи́стой, поря́дочной же́нщиной; / бы́ло ви́дно, что / у неё нехорошо́ на душе́. //

— Почему́ бы я мог / переста́ть уважа́ть тебя́? / — спроси́л Гу́ров. — Ты сама́ не зна́ешь, / что говори́шь. //

— Пусть Бог меня́ прости́т! / — сказа́ла она́ / и начала́ пла́кать. // — Это ужа́сно. //

— Ты как бу́дто / опра́вдываешься[3]. //

— Чем мне оправда́ться? // Я плоха́я, ни́зкая же́нщина, / я себя́ не уважа́ю / и не ду́маю опра́вдываться. // Я не му́жа обману́ла[4], / а себя́. // И не сейча́с то́лько, / а уже́

давно́ / обма́нываю. // Мой муж, быть мо́жет, / че́стный,
о래전부터 속이고 있어요.   내 남편은, 아마도         정직하고 좋은

хоро́ший челове́к, / но ведь он лаке́й[5]! // Я не зна́ю, / что
사람이겠지만        하지만 그는 비굴한 사람이에요! 난 몰라요

он де́лает там, / как рабо́тает, / а зна́ю то́лько, / что он
그가 거기서 무얼 하는지  어떻게 일하는지    하지만 이것만큼은 알아요  그가 비굴

лаке́й. // Мне, / когда́ я вы́шла за него́ за́муж, / бы́ло
하다는 것을.     나는      그에게 시집갈 때

два́дцать лет, / мне бы́ло интере́сно, / мне хоте́лось чего́-
스무 살이었어요   흥미로워 보였고         뭔가 더 나은 걸 바랐어요

нибудь лу́чшего; / ведь есть же, – говори́ла я себе́, /
                이건 정말, 자신에게 말했어요

– друга́я жизнь. // Хоте́лось пожи́ть! // Пожи́ть и по-
또다른 삶이잖아.     살아 보고 싶었어요!   (이렇게도 저렇게도) 살아 보고

жи́ть... // Вы э́того не понима́ете, / но, пове́рьте мне, /
싶었어요.   당신은 이것을 이해할 수 없겠지만   하지만 나를 믿어 줘요

со мной что́-то де́лалось, / меня́ нельзя́ бы́ло останови́ть, /
나에게 뭔가가 일어났고           나를 멈추는 건 불가능했어요

я сказа́ла му́жу, / что больна́, / и пое́хала сюда́... // И
나는 남편에게 말했어요   아프다고      그리고 이곳에 왔어요.

**1** арбу́з 수박 | **2** кусо́к 조각 | **3** опра́вдываться НСВ – опра́вдаться СВ 정당화하다, (정당함을) 증명하다, 들어맞다 | **4** обману́ть СВ – обма́нывать НСВ 속이다, 배반하다 | **5** лаке́й 하인, 시종, 비굴한 사람, 머슴 근성이 있는 사람

здесь всё ходи́ла, / как ненорма́льная… / и вот / я ста́ла
그리고 이곳에서 내내 돌아다녔어요   정신 나간 여자처럼   그리고 이렇게

ни́зкой же́нщиной, / кото́рую никто́ не бу́дет уважа́ть. //
난 저속한 여자가 된 거예요   아무도 존중해 주지 않는.

Гу́рову бы́ло уже́ / ску́чно слу́шать, / всё э́то / ему́ каза́-
구로프는 이미   듣고 있기가 지루했다   이 모든 것이   그에게 생각

лось / неожи́данным и стра́нным; / е́сли бы она́ не пла́-
되었다   갑작스럽고 기묘하게   그녀가 만일 울지 않았더라면

кала, / то мо́жно бы́ло бы поду́мать, / что она́ шу́тит /
   생각했을 수도 있었다   그녀가 농담을 하거나

и́ли игра́ет роль. //
혹은 연기를 하고 있다고.

— Я не понима́ю, / — сказа́л он ти́хо, / — что же ты
   이해가 되지 않고   그가 조용히 말했다   대체 뭘 원하는 거요?

хо́чешь? //

— Ве́рьте, ве́рьте мне, / прошу́ вас… / — говори́ла она́. /
   믿어 주세요. 나를 믿어 주세요   부탁이에요   그녀가 말했다

— Я люблю́ / че́стную, чи́стую жизнь, / а грех[1] мне не-
   나는 사랑해요   정결하고 바른 삶을   죄는 내게 불쾌한 것이에요

прия́тен, / я сама́ не зна́ю, / что де́лаю. // Просты́е лю́ди
   나 자신도 모르겠어요   무슨 짓을 하는 건지. 보통 사람들은

говоря́т: / нечи́стый попу́тал[2]. // И я могу́ тепе́рь про
말해요   뭔가에 홀렸다고.   나도 이제는 나 자신에게

себя́ сказа́ть, / что меня́ попу́тал нечи́стый. //
말할 수 있어요   뭔가가 나를 홀렸다고.

ДАМА С СОБАЧКОЙ

– Хва́тит, хва́тит … / – говори́л он. //
그만하시오, 그만하시오   그가 말했다.

Он смотре́л ей в глаза́, / целова́л её, / говори́л ти́хо и
그는 그녀의 눈을 바라보며   입을 맞추고   조용히 그리고 부드럽게

ла́сково, / и она́ успоко́илась, / ста́ла сно́ва весёлой, /
이야기했다   그러자 그녀는 진정이 되었고   다시 쾌활해졌다

и они́ ста́ли смея́ться. //
그리고 그들은 다시 웃기 시작했다.

Пото́м, / когда́ они́ вы́шли, / на на́бережной / не́ было
그 후   그들이 나왔을 때   해변길에는

ни души́, / каза́лось, что / го́род со свои́ми кипари́сами³ /
아무도 없었고   ~같았다   도시는 삼나무들과 함께

совсе́м мёртв, / но мо́ре ещё шуме́ло / и би́лось о бе́рег. //
완전히 죽은 듯했다   그러나 바다는 여전히 소리를 냈다   그리고 해안에 부딪혀 왔다.

Они́ реши́ли пое́хать вОреа́нду. //
그들은 오레안다에 가기로 결정했다.

– Я сейча́с / внизу́ узна́л / твою́ фами́лию: / фон Ди́де-
난 지금   아래에서 알았소   당신의 성을   폰 디데리츠

риц, / – сказа́л Гу́ров. / – Твой муж не́мец? //
그가 말했다   당신의 남편이 독일인이오?

---

1 грех 죄 | 2 нечистый попутал кого-либо 비난받을 만한 나쁜 행동을 하도록 악마나 귀신 따위가 유혹했다는 뜻 | 3 кипарис 삼나무

– Нет, у него́, ка́жется, / дед был не́мец, / но сам он
아니요. 그는 아마도            할아버지가 독일인이었던 것 같아요

правосла́вный[1]. //
그러나 그 자신은 정교도예요.

В Ореа́нде / сиде́ли недалеко́ от це́ркви, / смотре́ли вниз
오레안다에서   교회 가까이에 (그들은) 앉아 있었다    바다를 내려다 보았다

на мо́ре / и молча́ли. // Я́лта была́ чуть видна́ / в у́трен-
           그리고 말이 없었다.   얄타는 흐릿하게 보였다   아침 안개

нем тума́не, / над гора́ми / стоя́ли бе́лые облака́. //
속에서           산 위에는       흰 구름이 떠 있었다.

Бы́ло ти́хо, / и шум мо́ря говори́л / о споко́йствии, / о
고요했다        그리고 바다 소리가 말했다        평온에 대해서

ве́чном[2] сне, / како́й ждёт нас. // Так шуме́ло внизу́, /
영원한 잠에 대해서   우리를 기다리고 있는.   이렇게 (바다는) 아래에서 철썩이고 있었다

когда́ ещё тут не́ было / ни Я́лты, ни Ореа́нды, / тепе́рь
아직 이곳에 없었을 때          얄타도 오레안다도           지금도

шуми́т / и бу́дет шуме́ть, / когда́ нас не бу́дет. // Гу́ров
철썩이고 있고  철썩일 것이다      우리가 없어진 때에도.        구로프는

сиде́л / ря́дом с молодо́й же́нщиной, / кото́рая / э́тим
앉아 있었다   젊은 여자 곁에                           ~한

ра́нним у́тром / каза́лась тако́й краси́вой, / споко́йно
이 이른 아침에      이토록 아름다워 보이는              평화롭게

смотре́л / на мо́ре, го́ры, облака́, широ́кое не́бо / и ду́мал, /
바라보았다   바다와 산과 구름과 넓은 하늘을                   그리고 생각했다

как всё прекра́сно / в э́том ми́ре, / всё, / кро́ме того́, что /
모든 것이 얼마나 아름다운지   이 세상에     모든 것이   ~것만 제외하고

мы са́ми ду́маем и де́лаем, / когда́ забыва́ем / о вы́сших
우리 자신이 생각하고 만들어 내는    (우리가) 잊어버린 채    인생의 고귀한

це́лях жи́зни, / о своём челове́ческом досто́инстве³. //
목적에 대해    사람의 가치에 대해.

 Подошёл како́й-то челове́к, / посмотре́л на них / и
어떤 사람이 다가와서    그들을 보고

ушёл. // И э́то то́же показа́лось / так таи́нственно⁴ и
다시 갔다.   그리고 이 또한 ~로 느껴졌다    매우 신비롭고 아름답게.

краси́во. // Ви́дно бы́ло, / как пришёл парохо́д / из Фео-
   ~인 것 같았다    배가 온 것    페오도시아

до́сии⁵. //
에서.

 – Уже́ у́тро, / – сказа́ла А́нна Серге́евна / по́сле мол-
   벌써 아침이에요    안나 세르게예브나가 말했다    침묵을 깨고.

ча́ния. //

 – Да. Пора́ домо́й. //
그렇소. 돌아갈 시간이오.

Они́ верну́лись в го́род. //
그들은 시내로 돌아왔다.

1 правосла́вный 정교도 | 2 ве́чный 영원한, 불변의 | 3 досто́инство 장점, 가치, 품위 | 4 таи́нственный 신비한, 비밀의 | 5 Феодо́сия 페오도시아. 크림반도의 도시로 고대 그리스 인들이 최초로 세웠다. 중세에는 흑해 연안 제노바 식민지의 중심지로서 유명한 항구이자 휴양 도시였다.

Потóм / кáждый пóлдень / они́ встречáлись на нáбереж-
그 후    매일 정오에         그들은 해안길에서 만났다

ной, / зáвтракали вмéсте, / обéдали, / гуля́ли, / смот-
     함께 아침식사를 하고    점심을 먹고   산책하고

рéли на мóре. // Онá говори́ла, что / плóхо спит / и
바다를 바라보았다.   그녀는 ~라고 말했다    잠을 잘 못자고

что у неё / си́льно бьётся сéрдце, / задавáла одни́ и те
그녀에게서    심하게 가슴이 뛰고 있다고    똑같은 질문들을 거듭하면서

же вопрóсы / и волновáлась, / и боя́лась, что / он недос-
            초조해하면서       ~지도 모른다고 불안해했다  그가 그녀를

тáточно её уважáет. // И чáсто в садý, / когдá ря́дом с
충분히 소중히 여기지 않는 건 아닌지. 그리고 자주 정원에서    그들 곁에 ~할 때

ни́ми / никогó нé было, / он вдруг / привлекáл её к себé /
      아무도 없을 때      그는 갑자기   그녀를 자신에게 끌어당겨

и целовáл со стрáстью. // Э́ти поцелýи[1] / среди́ бéлого
격렬히 입을 맞췄다.       이러한 입맞춤이       대낮의

дня[2], / страх, что / их мóгут уви́деть, / зáпах[3] мóря / и
        ~라는 두려움이   그들을 (사람들이) 볼 수 있다는  바다 내음이

прáздные[4], наря́дные лю́ди, / котóрых / они́ вездé / пос-
그리고 잘 차려입고 빈둥대던 사람들       ~한      그들이 도처에서

тоя́нно встречáли, / как бýдто измени́ли егó; / он гово-
끝없이 마주치던         그를 바꿔놓은 것 같았다          그는 말했다

ри́л / Áнне Сергéевне / о том, как онá хорошá, / был
        안나 세르게예브나에게   그녀가 얼마나 훌륭한지       자신이 얼마나

пóлон стрáсти, / не отходи́л от неё никудá, / а онá чáсто /
열정으로 가득 차 있는지  그녀로부터 떠나 어디로도 가지 않겠다고   그러나 그녀는 자주

о чём-то ду́мала / и всё вре́мя / проси́ла его́ сказа́ть
뭔가에 대해 생각하면서    언제나    그에게 ~라는 사실을 말해 달라고

пра́вду, что / он её не уважа́ет, / ниско́лько не лю́бит, /
부탁했다   그는 그녀를 소중히 여기지 않으며   조금도 사랑하지 않고 있고

а то́лько ви́дит в ней / ни́зкую, гре́шную[5] же́нщину. //
그녀에게서는 오직 ~만을 보고 있다고    저속하고 죄많은 여자를.

Почти́ ка́ждый ве́чер / попо́зже / они́ уезжа́ли куда́-
거의 매일 저녁    느지막이    그들은 어디로든 갔다

нибу́дь / за́ город, / и прогу́лка удава́лась, / впечатле́ния
근교로    나들이는 언제나 성공적이었고

всегда́ бы́ли прекра́сны. //
인상은 늘 아름다웠다.

Жда́ли, что / прие́дет муж. // Но пришло́ от него́ / пись-
(그들은) ~기를 기다렸다   남편이 오기를.    그러나 그로부터 왔다   편지가

мо́, / в кото́ром / он сообща́л, что / у него́ о́чень боле́ли
그 안에서    남편은 ~라고 알렸다   눈이 매우 아프다고

глаза́, / и проси́л жену́ / поскоре́е верну́ться домо́й. //
그리고 아내에게 부탁했다   빨리 집으로 돌아오라고.

А́нна Серге́евна заспеши́ла. //
안나 세르게예브나는 서둘렀다.

1 поцелу́й 입맞춤. 키스 | 2 среди́ бе́лого дня (숙어) 대낮에 | 3 за́пах 냄새 | 4 пра́здный 빈. 한가한 | 5 гре́шный 죄가 많은

– Это хорошо, что / я уезжаю, / – говорила она Гурову. //
이건 잘된 일이에요       내가 가는 것은       그녀가 구로프에게 말했다.

– Это сама судьба. //
이게 바로 운명이에요.

Он провожал её / до вокзала. // Ехали целый день. //
그는 그녀를 배웅했다    역까지.            한나절을 갔다.

Когда она садилась / в вагон поезда / и когда прозвенел[1] /
그녀가 올라 앉았을 때    기차 칸에        그리고 울렸을 때

второй звонок, / она сказала: /
두 번째 벨이            그녀가 말했다

– Дайте я посмотрю на вас ещё… / Посмотрю ещё раз. //
당신을 한 번 더 보게 해 줘요        한 번 더 볼래요.

Вот так. //
이렇게.

Она не плакала, / но была грустна, / как будто больна, /
그녀는 울지 않았다    그러나 슬펐고         아픈 것처럼

и лицо у неё дрожало[2]. //
그녀의 얼굴은 떨리고 있었다.

– Я буду о вас / думать… / вспоминать, / – говорила
당신에 대해 ~할 거예요  생각하고   기억하고            그녀가 말했다.

она. // – Господь с вами[3], оставайтесь. // Мы навсегда
         주께서 당신과 함께하시기를.              우리는 영원히

прощаемся, / это так нужно, / потому что / нам не надо
헤어지는 거예요  그래야만 해요      왜냐하면       우리는 절대

бы совсем / встречаться. // Ну, господь с вами. //
~해서는 안 돼요  만나서는.       자, 주께서 당신과 함께하시기를.

78 ДАМА С СОБАЧКОЙ

Поезд ушёл быстро, / и через минуту / уже не было
기차는 빠르게 떠나갔고    1분 후에는    이미 소리도

слышно шума. // Гуров остался / на вокзале один / и
들리지 않았다.    구로프는 남았다    역에 혼자서

смотрел в темноту / с таким чувством, / как будто только
그리고 어둠 속을 응시했다    이런 감정을 가지고    지금 막 잠에서 깬 것 같은.

что проснулся. // И он думал о том, что / вот в его
    그리고 그는 ~라고 생각했다    이렇게 그의 인생에

жизни / было ещё одно приключение, / и оно тоже уже
    또 하나의 일이 있었고    그것 역시 이미 끝났으며

кончилось, / и осталось теперь / воспоминание... // Он
    이제는 남았다고    추억만.

был взволнован[4], грустен / и немного сожалел о том, что /
그는 혼란스러웠고 슬펐다    그리고 ~한 것에 대해 조금 후회했다

между ними произошло; / ведь / эта молодая женщина, /
그들 사이에 일어난    진정    이 젊은 여자는

с которой / он больше уже никогда не увидится, / не
~한    그가 이제 다시는 보지 못할

была с ним счастлива; / он был вежлив с ней / и ласков, /
그와 함께 있을 때 행복하지 않았다    그는 그녀에게 정중했고    다정했다

1 прозвенеть 울리다, 소리가 나다 | 2 дрожать 떨다 | 3 Господь с вами (숙어) «신이 당신을 보호 하시길»과 같은 기원의 표현 | 4 взволнованный 흥분된, 동요된 | 5 насмешка 조소, 조롱

но всё же / в его ласках / чувствовалась лёгкая насмешка[5] /
그러나 어쨌든   그의 다정함 속에는   경박한 조소가 느껴졌다

гордого счастливого мужчины, / который был / почти
거만하고 유복한 남자의                          ~였던

в два раза / старше её. // Всё время / она называла его /
거의 두 배는      그녀보다 나이 많은. 언제나        그녀는 그를 불렀다

добрым, необыкновенным; / наверное, / он казался ей /
선하고 특별한 사람이라고          어쩌면    그는 그녀에게 ~로 보였을 것이다

не тем, чем был на самом деле[1], / значит, / он обманывал
실제 모습과는 다르게                          즉        그는 그녀를 기만했던

её... //
것이다...

Здесь, / на станции, / уже пахло осенью, / вечер был
이곳에는     역에는          이미 가을 기운이 풍겼다     바람은 거의

почти холодный. //
차가웠다.

«Пора и мне на север, / – думал Гуров, / когда уходил
'나도 올라가야겠다'        구로프는 생각했다    역에서 나오면서

с вокзала. / – Пора!»
                 때가 되었다!

# 3

Дома, в Москве, / уже была зима, / и по утрам, / когда
모스끄바는            이미 겨울이었다      그리고 아침에도    아이들이

дети собирались / в гимназию / и пили чай, / было тем-
채비를 할 때        김나지움으로 갈    그리고 차를 마실 (때)  어두웠다.

но. // Уже начались морозы. // Когда идёт первый
      이미 추위가 시작되었다.          첫눈이 내릴 때는

снег, / приятно видеть / белую землю, / белые крыши, /
         보는 것이 유쾌하다     하얀 땅을         하얀 지붕들을

дышать мягко, легко, / и в это время / вспоминаются
온화하고 경쾌하게 숨쉬는 것도    그리고 이때에는    젊은 시절이 생각난다.

юные годы. // Белые от снега берёзы / ближе к сердцу, /
               눈으로 하얘진 자작나무들은        감상적이어서

чем кипарисы, / и рядом с ними / уже не хочется думать /
삼나무보다        그것들 곁에서는      이미 생각하고 싶지 않다

о горах и море. //
산이나 바다에 대해.

_____

**1** на самом деле 실제로는

**Гу́ров был москви́ч,** / **верну́лся он** / **в Москву́** / **в хоро́-**
구로프는 모스끄바 사람이었다   그는 돌아왔다   모스끄바로

**ший, моро́зный день,** / **и когда́ наде́л шу́бу**[1] **и тёплые**
맑고 추운 날에   그리고 털코트를 입고 따뜻한 장갑을 끼고

**перча́тки** / **и прошёлся**[2] **по Петро́вке,** / **и когда́ в суббо́ту**
뻬뜨로프까 거리를 따라 걷고   토요일 저녁 ~할 때

**ве́чером** / **услы́шал звон колоколо́в**[3], / **то неда́вняя по-**
교회 종소리가 들렸다   그러자 최근의 여행과

**е́здка и места́,** / **в кото́рых он был,** / **переста́ли быть ему́**
장소들이   그가 머물렀던   더 이상 관심을 끌지 못했다.

**интере́сны.** // **Понемно́гу** / **он вновь** / **привы́к к моско́в-**
조금씩   그는 다시   모스끄바 생활에 적응했고

**ской жи́зни,** / **уже́ с интере́сом чита́л** / **по три газе́ты**
이미 관심 있게 읽었다   세 종류의 신문을 매일

**в день** / **и говори́л, что** / **не чита́ет моско́вских газе́т** /
그러면서 말했다   모스끄바 신문은 읽지 않는다고

**из при́нципа.**[4] // **Ему́ уже́ хоте́лось** / **в рестора́ны, клу́бы,** /
원칙상.   그는 벌써 ~하고 싶었다   레스토랑과 클럽에 가고

**на обе́ды, пра́здники,** / **и уже́ ему́ бы́ло прия́тно, что** /
만찬과 파티들에 가고   그리고 이미 그는 ~이 즐거웠다

**у него́ быва́ют** / **изве́стные арти́сты** / **и что в До́кторском**
그의 집에 방문하는 것   유명한 배우들이   그리고 박사 클럽에서

**клу́бе** / **он игра́ет в ка́рты** / **с профе́ссором...** //
카드놀이를 하는 것이   교수와.

**Пройдёт како́й-нибудь ме́сяц,** / **и А́нна Серге́евна,** /
한 달 정도 지나가고   그러면 안나 세르게예브나는

каза́лось ему́, / забу́дется / и то́лько ре́дко / бу́дет сни́ться⁵
그에게 ~ 생각이 들었다   잊혀져서   그저 드물게   미소 띤 모습으로 꿈에

с улы́бкой, / как сни́лись други́е. // Но прошло́ бо́льше
나타날 거라고   다른 여자들이 꿈에 나타났던 것처럼.  그러나 한 달이 넘게 지나가고

ме́сяца, / наступи́ла глубо́кая зима́, / а в па́мяти / всё
            겨울도 깊어졌지만        기억 속에서

бы́ло я́сно, / как бу́дто расста́лся⁶ он / с А́нной Серге́е-
모든 것이 선명했다  마치 그가 헤어진 것처럼       안나 세르게예브나와

вной / то́лько вчера́. // И воспомина́ния станови́лись /
     어제.           그리고 기억은 ~ 되었다

всё сильне́е. // Слы́шал ли он / в вече́рней тишине́ / в
점점 더 강렬하게.   그가 듣기라도 하면   저녁의 고요함 속에서

своём кабине́те / голоса́ дете́й / и́ли му́зыку в рестора́не, /
자기 방에서      아이들의 목소리를   혹은 레스토랑에서 음악을

как вдруг вспомина́лось всё: / и то, что бы́ло на на́береж-
갑자기 모든 것이 생각났다            해변길에서 있었던 일도

ной, / и ра́ннее у́тро / с тума́ном на гора́х, / и парохо́д
       그리고 이른 아침도  산에 안개가 끼어 있던      그리고

из Феодо́сии, / и поцелу́и. // Он до́лго ходи́л по ко́мнате, /
페오도시아에서 온 배도  그리고 입맞춤도.  그는 오랫동안 방 안을 서성였다

**1** шуба 모피 코트 | **2** пройтись 조금 걷다. 산책하다 | **3** колокол 종 | **4** принцип 원칙. 방침 |
**5** сниться 꿈꾸다. 꿈에 보이다 | **6** расстаться СВ – расставаться НСВ 헤어지다. 이별하다

**и вспомина́л, / и улыба́лся, / пото́м / воспомина́ния**
  그리고 생각했다    그리고 미소 지었다

**переходи́ли в мечты́, / и про́шлое ока́зывалось / ря́дом**
그러면 기억은 바람으로 바뀌었다   그리고 과거는 ~로 여겨졌다   앞으로

**с тем, что бу́дет. // А́нна Серге́евна не сни́лась ему́, /**
일어날 일과 함께 있는 것으로.  안나 세르게에브나는 그의 꿈에 나타나지 않았다

**а шла за ним везде́ / и наблюда́ла за ним. // Он закрыва́л**
그러나 어딜 가나 그를 따라다녔다   그리고 그를 지켜보았다.    눈을 감으면

**глаза́ / и ви́дел её, как живу́ю, / и она́ каза́лась краси-**
     그녀가 보였다    살아 있는 듯    그리고 그녀는 더 아름답고

**вее, моло́же, ла́сковее, / чем была́; / и сам он каза́лся**
더 젊고 더 다정해 보였다     이전보다     그리고 그 자신도

**себе́ лу́чше, / чем был тогда́, / в Я́лте. // Она́ по вечера́м /**
더 훌륭하게 여겨졌다  그때의 자신보다    얄따에서의.   그녀는 저녁마다

**смотре́ла на него́ / из кни́жного шка́фа / и из угла́, /**
그를 지켜보았다     책장에서        그리고 방의 한쪽에서

**он слы́шал, / как она́ ды́шит, / слы́шал ла́сковый лёгкий**
그는 들리는 것 같았다   그녀가 숨쉬는 소리가   다정하고 경쾌한 소리가 들렸다

**шум / её оде́жды. // На у́лице он провожа́л / взгля́дом /**
      그녀의 옷자락의.     거리에서 그는 좇았다       시선으로

**же́нщин, / иска́л, / нет ли похо́жей на неё... //**
여자들을       찾았다    그녀와 비슷한 사람이 없는지...

**И ему́ уже́ о́чень хоте́лось / рассказа́ть кому́-нибудь /**
마침내 그는 매우 ~하고 싶어졌다    누군가에게 이야기하고

**свои́ воспомина́ния. // Но до́ма нельзя́ бы́ло говори́ть /**
자신의 추억을.         그러나 집에서는 말할 수 없었다

о свое́й любви́, / а кро́ме до́ма – не́где. // Не в ба́нке
же. // И о чём говори́ть? / Ра́зве он люби́л тогда́? / Ра́з-
ве бы́ло что́-нибудь / краси́вое, поэти́ческое[1] / и́ли просто интере́сное / в его́ отноше́ниях / к А́нне Серге́евне? //
И он до́лжен был говори́ть нея́сно / о любви́, о же́нщи-
нах, / и никто́ не понима́л, / в чём де́ло[2], / и то́лько же-
на́ говори́ла: /

— Тебе́, Дими́трий, / совсе́м не идёт э́та роль. //

Одна́жды но́чью, / когда́ он выходи́л / из До́кторского
клу́ба / со свои́м знако́мым, / Гу́ров сказа́л: /

1 поэти́ческий 시(詩)의, 시적인 | 2 в чём де́ло (숙어) 무슨 일인가

— Éсли б вы знáли, / с какóй прекрáсной жéнщиной / я познакóмился / в Я́лте! //

Егó знакóмый собрáлся уезжáть, / но вдруг останови́лся / и закричáл: /

— Дми́трий Дми́трич! //

— Что? //

— А вы бы́ли прáвы: / ры́ба ведь былá несвéжая[2]! //

Э́ти словá, таки́е обы́чные, / почемý-то вдруг / показáлись Гýрову / грýбыми, нечи́стыми. // Каки́е ужáсные обы́чаи, / каки́е ли́ца! // Каки́е глýпые нóчи, / каки́е неинтерéсные дни! // Игрá в кáрты, / пья́нство[1], / постоя́нные разговóры / всё врéмя об однóм. // На ненýжные делá и разговóры / ухóдит лýчшая часть врéмени, /

лу́чшие си́лы, / и в конце́ концо́в / остаётся кака́я-то
소중한 에너지가 (버려진다)   그리고 마침내            일종의 멍청한 삶이 남는다

глу́пая жизнь, / и уйти́ и бежа́ть нельзя́! //
                      그리고 (이로부터) 떠날 수도 도망칠 수도 없다!

Гу́ров не спал всю ночь, / и зате́м / весь день / у него́
구로프는 밤새 자지 못했다          그러고 나서는   하루 종일   그는

боле́ла голова́. // И в сле́дующие но́чи / он спал пло́хо, /
머리가 아팠다.         그리고 이어지는 밤들에도         그는 잠을 잘 자지 못했다

всё сиде́л в крова́ти / и ду́мал / и́ли ходи́л / из угла́ в
내내 침대에 앉아서            생각했다    또는 돌아다녔다    방 이쪽 저쪽을.

у́гол[3]. // Он уста́л от дете́й, / он уста́л от ба́нка, / не
그는 아이들로부터 지쳐 있었다   그는 은행으로부터도 지쳤다

хоте́лось / никуда́ идти́, / ни о чём говори́ть. //
~하고 싶지 않았다  아무데로도 가고     아무 것에 대해서도 말하고.

В декабре́ / на пра́здниках / он собра́лся в доро́гу / и
12월에       축제 시기에          그는 길을 떠나기로 했다

сказа́л жене́, что / уезжа́ет в Петербу́рг / по дела́м / – и
그리고 아내에게 ~라고 이야기했다   뻬쩨르부르그에 간다고    일 때문에

уе́хал в С. // Заче́м? // Он и сам не знал хорошо́. //
그리고 S시로 떠났다.   왜?       그 자신도 잘 몰랐다.

---

1 пья́нство 음주, 술에 취하는 것 | 2 несве́жий 신선하지 않은 | 3 из угла́ в у́гол (숙어)이리로 저리로, 방 이쪽 저쪽을

Ему́ хоте́лось / уви́деться с А́нной Серге́евной / и погово-
그는 ~하고 싶었다    안나 세르게예브나와 만나고    이야기하고

вори́ть, / е́сли полу́чится. //
   가능하다면.

Прие́хал он / в С. у́тром / и за́нял в гости́нице / лу́чший
그는 도착했다  S시에 아침에  그리고 호텔에서 ~을 잡았다  좋은 방을

но́мер, / где был се́рый пол / и стол был се́рым от пы́ли. //
     회색 마루가 있는    그리고 테이블도 먼지에 덮여 회색빛이었다.

Швейца́р[1] рассказа́л ему́, что / фон Ди́дериц живёт / на
수위는 그에게 ~라고 이야기해 주었다    폰 디데리츠는 살고 있다

Ста́ро-Гонча́рной у́лице, / в со́бственном[2] до́ме, / – э́то
스따로곤차르나야 거리에       자기 소유의 집에

недалеко́ от гости́ницы, / живёт хорошо́, бога́то, / име́ет
여기는 호텔에서도 가깝다    부유하게 잘 살고 있다

свои́х лошаде́й, / его́ все зна́ют / в го́роде. // Швейца́р
자기 말들도 있고   그를 모두가 알고 있다 (이) 도시에서.  수위는 이렇게

говори́л так: Дры́дыриц. //
발음했다. '드르이드이리쯔'

Гу́ров пошёл на Ста́ро-Гонча́рную, / нашёл дом. // Как
구로프는 스파로곤차르나야로 가서       집을 발견했다.

раз / напро́тив до́ма был забо́р[3], / се́рый и дли́нный. //
마침   집 건너편에 울타리가 있었다    회색에 긴.

«От тако́го забо́ра убежи́шь», / – ду́мал Гу́ров / и смо-
누구든지 이런 울타리로부터 도망치고 싶겠군.  구로프는 생각하면서  바라보았

тре́л / то на о́кна, то на забо́р. //
다    때로는 창문을. 때로는 울타리를.

88 ДАМА С СОБАЧКОЙ

Он ду́мал: / сего́дня выходно́й[4] день, / и муж, возмо́жно,
<sub>그는 생각했다   오늘은 휴일이니         남편이, 아마도, 집에 있을</sub>

до́ма. // Да и всё равно́, / домо́й к ней идти́ нельзя́. //
<sub>것이다.     그리고 어쨌든 간에      집으로 그녀를 찾아가는 것은 안 되었다.</sub>

Е́сли же посла́ть запи́ску, / то она́, наве́рное, / ока́жется
<sub>서신을 보낸다고 해도         그것은, 아마도,         남편의 손에</sub>

в рука́х у му́жа, / и тогда́ всё бу́дет пло́хо. // Лу́чше
<sub>놓이게 될 것이었다    그러면 모든 것이 엉망이 될 것이었다.    가장 나은 것은</sub>

всего́ / понаде́яться на слу́чай. // И он всё ходи́л / по
<sub>우연한 기회를 기대하는 것이다.       그래서 그는 내내 서성였다</sub>

у́лице / и о́коло забо́ра / и ждал э́того слу́чая. // Че́рез
<sub>거리를 따라  그리고 울타리 근처에서    그리고 이 기회를 기다렸다.    한 시간이</sub>

час / он услы́шал / игру́ на роя́ле, / сла́бые и нея́сные
<sub>지나   그는 들었다    피아노 치는 소리를    약하고 흐릿한 소리를.</sub>

зву́ки. // Наве́рное, / А́нна Серге́евна игра́ла. // Дверь
<sub>            어쩌면       안나 세르게예브나가 연주하는 것이었다.</sub>

вдруг откры́лась, / и из неё / вы́шла кака́я-то стару́шка[5], /
<sub>문이 갑자기 열리고       그로부터    어떤 나이 든 여자가 나왔다</sub>

а за не́ю / бежа́ла знако́мая соба́чка. // Гу́ров хоте́л
<sub>그리고 그녀의 뒤를 따라  낯익은 강아지가 달려나왔다.    구로프는 강아지를</sub>

1 швейца́р 수위 | 2 со́бственный 자기 자신의, 자기 소유의 | 3 забо́р 울타리, 담장 | 4 выходно́й день 휴일 | 5 стару́шка 나이 많은 여자, 할머니

позва́ть соба́ку, / но у него́ вдруг заби́лось[1] се́рдце, / и
부르고 싶었으나                    갑자기 심장이 쿵쾅거렸고

он от волне́ния / не мог вспо́мнить, / как её зову́т. //
그는 떨려서        기억해 낼 수가 없었다        강아지의 이름을.

Он ходи́л / и всё бо́льше и бо́льше / ненави́дел се́рый
그는 서성였고   점점 더                    회색 울타리가 싫어졌다

забо́р, / и уже́ ду́мал, что / А́нна Серге́евна забы́ла о нём /
그리고 ~라고 생각했다    안나 세르게예브나는 그에 대해 잊었고

и, быть мо́жет, / уже́ прия́тно прово́дит вре́мя / с дру-
아마도              이미 즐겁게 시간을 보내고 있을 거라고         다른

ги́м, / и э́то так норма́льно / для молодо́й же́нщины, /
사람과       그리고 이것은 자연스러운 거라고   젊은 여자에게는

кото́рая / с утра́ до ве́чера / ви́дит э́тот ужа́сный забо́р. //
~하는        아침부터 저녁까지      이런 끔찍한 울타리를 보고 있는.

Он верну́лся / к себе́ в но́мер, / до́лго сиде́л на дива́не /
그는 돌아와서     자신의 방으로         오랫동안 소파에 앉아 있었다

и не знал, что де́лать, / пото́м обе́дал, / пото́м до́лго спал. //
무엇을 해야 할지 몰랐다      그 뒤 점심을 먹고      그 뒤 오랫동안 잠을 잤다.

«Как всё э́то глу́по, / – ду́мал он, / когда́ просну́лся /
이 얼마나 어리석은가    그는 생각했다    일어났을 때

и посмотре́л на тёмные о́кна: / был уже́ ве́чер. // – За-
그리고 어두운 창문을 봤을 때          이미 저녁이었다.

че́м я так до́лго спал? / Что же я тепе́рь / но́чью бу́ду
왜 이렇게 오랫동안 잔 걸까?   이제 난 무엇을         밤에 할까?

де́лать?» //

**Он сиде́л** / **на се́рой дешёвой крова́ти** / **и ду́мал:** / **«Вот**
그는 앉아서  회색의 싸구려 침대에  생각했다  '그래.

**тебе́ и да́ма с соба́чкой…** / **Вот тебе́ и приключе́ние**[2]**…** /
개를 데리고 다니는 여인이 있었지  그리고 그런 만남이 있었지

**Вот и сиди́ тут».** //
근데 여기서 이러고 있군.'

**Ещё у́тром,** / **на вокза́ле,** / **он заме́тил** / **большу́ю афи́шу** /
아직 아침이었을 때  역에서  그는 보았었다  큰 포스터를

**с огро́мными бу́квами:** / **в о́пере была́ премье́ра**[3]**.** // **Он**
커다란 글자들이 적힌  오페라 초연이 있다는.

**вспо́мнил об э́том** / **и пое́хал в теа́тр.** //
그는 이것이 생각나서  극장으로 갔다.

**«О́чень возмо́жно, что** / **она́ быва́ет на премье́рах»,** /
'매우 가능성 있어  그녀는 초연을 다닐 거라는 게'

**– ду́мал он.** //
그는 생각했다.

**Теа́тр был по́лон.** // **Бы́ло шу́мно.** // **Всё вре́мя,** / **пока́**
극장은 만석이었다.  시끄러웠다.  시간 동안 내내

**зри́тели входи́ли** / **и занима́ли места́,** / **Гу́ров иска́л**
관객들이 들어오고  자리를 잡는  구로프는 눈으로 찾았다

**1** забиться 막히다, 두근거리다 | **2** приключение 사건, 모험 | **3** премьера 초연

глаза́ми / А́нну Серге́евну. // Вошла́ и А́нна Серге́евна. //
안나 세르게예브나를.  그리고 안나 세르게예브나가 들어왔다.

Она́ се́ла в тре́тьем ряду́, / и когда́ Гу́ров посмотре́л на
그녀는 세 번째 줄에 앉았고  구로프는 그녀를 보는 순간

неё, / он по́нял я́сно, / что для него́ тепе́рь / во всём ми́ре /
분명히 깨달았다  그에게는 이제  온 세상에서

нет бли́же, доро́же и важне́е челове́ка; / э́та ма́ленькая
더 가깝고 소중하고 중요한 사람은 없다고  이 작은 여자가

же́нщина, / кото́рая / теря́лась[1] в толпе́, / ниче́м не заме-
~하는  군중 속에 파묻혀서  무엇으로도 눈에 띄지

ча́тельная, / была́ тепе́рь всей его́ жи́знью, / его́ го́рем,
않는  이제는 그의 온 삶이 되었고  그의 슬픔이,

ра́достью, / еди́нственным сча́стьем, / како́го он тепе́рь
기쁨이.  유일한 행복이 되었다  그가 이제 자신을 위해

жела́л для себя́; / и под зву́ки плохо́го орке́стра[2] / он
갈망하는  서툰 악단의 소리를 들으며  그는

ду́мал о том, / как она́ хороша́. // Ду́мал и мечта́л. //
~에 대해 생각했다  그녀가 얼마나 훌륭한지를.  (그녀를) 생각하며 또 간절히 바랐다.

Вме́сте с А́нной Серге́евной / вошёл и сел ря́дом / о́чень
안나 세르게예브나와 함께  들어와서 곁에 앉았다

высо́кий молодо́й челове́к; / пока́ он шёл, / каза́лось,
매우 키가 큰 젊은 남자가  그가 걸어오는 동안  ~인 것 같았다,

что / он постоя́нно всем кла́нялся[3]. // Наве́рное, / э́то
그는 거듭 모든 사람에게 고개 숙여 인사했다.  아마도

был муж, / кото́рого она́ тогда́ в Я́лте / с го́рьким
남편인 것 같았다  그녀가 예전에 얄따에서  쓸쓸하게

чу́вством / назвала́ лаке́ем. // И в са́мом де́ле, / в его́
비굴한 사람이라고 불렀던.    그리고 실제로도

дли́нной фигу́ре⁴ / бы́ло что́-то от лаке́я, / улыба́лся он
그의 긴 체구에는    뭔가 머슴 근성이 있었다    그는 감미로운 미소를

сла́дко / и был о́чень похо́ж на лаке́я. //
지었는데    이것도 매우 머슴과 비슷했다.

В пе́рвом переры́ве / муж ушёл кури́ть, / она́ оста́лась в
첫 번째 막간에    남편이 궐련을 피우러 나가자    그녀는 자리에 남아

кре́сле. // Гу́ров подошёл к ней / и сказа́л неесте́ственно, /
있었다.    구로프는 그녀에게 다가가    어색하게 말했다

с улы́бкой: /
미소를 지으면서

– Здра́вствуйте. //
안녕하십니까.

Она́ посмотре́ла на него́ / и побледне́ла⁵, / пото́м ещё раз
그녀는 그를 쳐다보고    창백해졌다    그리고 다시 한번

посмотре́ла / с у́жасом / и не пове́рила свои́м глаза́м. //
쳐다보았다    겁에 질려    자신의 눈을 믿을 수 없었다.

И он, и она́ молча́ли. // Она́ сиде́ла, / он стоя́л / и боя́лся
그도, 그녀도 말을 하지 못했다.    그녀는 앉아 있었고    그는 서 있었다    곁에 앉기를

---

1 теря́ться 없어지다, 어리둥절해하다 | 2 орке́стр 오케스트라 | 3 кла́няться 인사하다, 절하다 |
4 фигу́ра 모양, 체형 | 5 побледне́ть СВ – бледне́ть НСВ 창백해지다

сесть ря́дом. // Ста́ло вдруг стра́шно, / каза́лось, что /
주저하면서.　　　　　갑자기 두려워졌다　　　　　　　～인 것 같아서

все на них смо́трят. // Но вот она́ вста́ла / и бы́стро
모두가 그들을 보고 있는.　　　그러자 그녀가 일어서서　　　빠르게 걸어갔다

пошла́ / к вы́ходу; / он – за ней, / и они́ шли / по кори-
　　　　出口 쪽으로　　　그는 그녀를 뒤따랐다　그리고 그들은 걸었다

до́рам, по ле́стницам, / то поднима́лись, то спуска́лись;[1] /
복도를 따라, 계단을 따라　　　　올라가기도 내려가기도 했다

перед ни́ми / проходи́ли каки́е-то лю́ди в фо́рме, /
그들 앞으로　　　제복을 입은 사람들이 지나갔다

каки́е-то да́мы, / дул ве́тер, / па́хло табако́м.[2] // И Гу́ров, /
어떤 부인들도 (지나갔다)　바람이 불자　　궐련 냄새가 풍겼다.　　그러자 구로프는

у кото́рого си́льно би́лось се́рдце, / ду́мал: /
심장이 몹시 뛰고 있던　　　　　　　생각했다

«О, го́споди! / И к чему́ э́ти лю́ди, э́тот орке́стр...» //
'세상에!　　대체 왜 이 사람들이며 악단이며...'

И в э́ту мину́ту / он вдруг вспо́мнил, / как тогда́ ве́чером /
그리고 이 순간　　　그는 갑자기 떠올렸다　　　그날 저녁에

на ста́нции / он провожа́л А́нну Серге́евну / и говори́л
역에서　　　그가 안나 세르게예브나를 배웅하며　　　스스로에게

себе́, что / всё ко́нчилось / и они́ уже́ никогда́ не уви́дят-
～라고 말했던 것을　모든 게 끝났고　　이제 그들은 더 이상 만나지 못할 거라고.

ся. // Но как ещё далеко́ бы́ло до конца́! //
　　　그러나 아직은 전혀 끝난 게 아니었다!

На у́зкой тёмной ле́стнице / она́ останови́лась. //
비좁고 어두운 계단에서　　　　　그녀가 멈춰 섰다.

– Как вы меня испугали[3]! / – сказала она, / всё ещё /
당신이 얼마나 나를 놀라게 했는지!   그녀가 말했다   여전히

бледная и взволнованная. // – О, как вы меня испуга-
창백한 모습으로 떨면서.   오, 당신이 얼마나 나를 놀라게 했는지!

ли! // Я чуть жива. // Зачем вы приехали? // Зачем? //
난 겨우 살아 있어요.   왜 오셨나요?   왜?

– Но поймите, / Анна, поймите… / – проговорил[4] он
하지만 이해해 줘요   안나, 이해해 줘요   그는 빠르게 말했다

быстро, / вполголоса[5]. // – Прошу вас, поймите… //
속삭이듯이.   부탁이오, 이해해 줘요.

Она смотрела на него / со страхом, / с любовью, / смотрела
그녀는 그를 쳐다보았다   두려움을 가지고   사랑을 가지고   주의 깊게

внимательно, / чтобы получше запомнить его лицо. //
쳐다보았다   그의 얼굴을 더 잘 기억하려고.

– Я так страдаю[6]! / – продолжала она / и не слушала
너무 괴로워요!   그녀가 계속하며   그의 이야기를 듣지

его. // – Я всё время думала / только о вас, / я жила
않았다.   나는 내내 생각했어요   오직 당신에 대해서   당신에 대한

мыслями о вас. // И мне хотелось забыть, забыть, /
생각으로 살았어요.   그래서 잊고 싶었는데, 잊고 싶었는데

1 спускаться НСВ – спуститься СВ 내려가다 | 2 табак 담배. 궐련 | 3 испугать СВ – пугать НСВ 놀라게 하다. 위협하다 | 4 проговорить 말하다 | 5 вполголоса 작은 소리로, 속삭이듯이 | 6 страдать 괴로워하다. 고생하다

но заче́м, заче́м вы прие́хали? //
그런데 왜, 왜 오셨나요?

Вы́ше на ле́стнице / два гимнази́ста кури́ли / и смотре́-
계단 위쪽에서  김나지움 학생 둘이 담배를 피우다가

ли вниз, / но Гу́рову бы́ло всё равно́, / он привлёк к себе́ /
아래를 쳐다보았다  그러나 구로프는 관계없었다  그는 자신에게로 끌어당겼다

А́нну Серге́евну и стал целова́ть её лицо́, щёки, ру́ки. //
안나 세르게예브나를  그리고 그녀의 얼굴, 뺨, 손에 입을 맞추기 시작했다.

– Что вы де́лаете, что вы де́лаете! / – говори́ла она́
무슨 짓을 하는 거예요  무슨 짓을 하는 거예요!  그녀가 겁에 질려

в у́жасе. // – Мы с ва́ми потеря́ли го́лову. // Уезжа́йте
말했다.  우린 정신이 나간 거예요.  오늘 당장 떠나세요

сего́дня же, / уезжа́йте сейча́с... // Прошу́ вас... // Сюда́
 지금 바로 가세요.  부탁이에요  사람들이

иду́т! //
와요!

По ле́стнице / сни́зу вверх / кто́-то шёл. //
계단을 따라  아래에서 위로  누군가 오고 있었다.

– Вы должны́ уе́хать... / – ти́хо продолжа́ла А́нна
당신은 떠나야 해요  안나 세르게예브나가 조용히 계속했다.

Серге́евна. // – Слы́шите, Дми́трий Дми́трич. // Я при-
 들으세요, 드미뜨리 드미뜨리치.

е́ду к вам в Москву́. // Я никогда́ не была́ сча́стлива, /
내가 모스끄바로 갈게요.  난 한번도 행복한 적이 없었고

я тепе́рь несча́стна / и никогда́, никогда́ не бу́ду сча́ст-
지금도 불행하고  앞으로도 언제나 불행할 거예요, 언제나

лива, никогда! // Не де́лайте так, / что́бы я страда́ла
~도록 만들지 마세요   내가 더 괴로워하도록!

ещё бо́льше! // Обеща́ю, я прие́ду в Москву́. // А тепе́рь
약속해요   모스크바로 갈게요.

расста́немся! // Мой ми́лый, до́брый, дорого́й мой, /
지금은 이만 헤어져요!   다정하고 착한 내 사랑

расста́немся! //
지금은 헤어져요!

  Она́ ста́ла бы́стро спуска́ться вниз / и всё смотре́ла на
  그녀는 서둘러 아래로 내려가기 시작했다   그러면서도 계속 그를 쳐다보

него́, / и по глаза́м её бы́ло ви́дно, что / она́ в са́мом
았다   그녀의 눈빛으로 알 수 있었다   그녀가 진정

де́ле / не была́ сча́стлива. // Гу́ров постоя́л немно́го, /
행복하지 않다는 것을.   구로프는 잠시 서서

послу́шал, / пото́м, когда́ всё вокру́г ста́ло ти́хо, /
듣고는   주위의 모든 것이 조용해지자

взял своё пальто́ / и ушёл из теа́тра. //
외투를 찾아 들고   극장에서 나왔다.

# 4

**И А́нна Серге́евна ста́ла приезжа́ть / к нему́ в Москву́. //**
그리하여 안나 세르게예브나는 오기 시작했다    그에게 모스끄바로.

**Раз в два-три ме́сяца / она́ уезжа́ла из С. / и говори́ла**
두세 달에 한 번     그녀는 S시를 떠나왔고    남편에게는 ~라고

**му́жу, что / е́дет посове́товаться с профе́ссором / о**
말했다          교수와 상담하러 간다고

**свое́й же́нской боле́зни, / – и муж ве́рил и не ве́рил. //**
자신의 부인병에 관해       남편은 믿는 것 같기도 믿지 않는 것 같기도 했다.

**В Москве́ / она́ остана́вливалась в «Славя́нском база́ре»**[1] /
모스끄바에서    그녀는 슬라뱐스끼 바자르 호텔에 묵었고

**и сра́зу же / посыла́ла к Гу́рову челове́ка / в кра́сной**
곧바로        구로프에게 사람을 보냈다        빨간 모자를 쓴.

**ша́пке. // Гу́ров ходи́л к ней, и никто́ в Москве́ / не**
              구로프는 그녀를 만나러 오곤 했다   그러나 모스끄바에서는 아무도

**знал об э́том. //**
이를 알지 못했다.

**Одна́жды он шёл к ней / в зи́мнее у́тро. // С ним шла его́**
한번은 그가 그녀에게 갔다    겨울 아침에.    그의 딸이 그와 함께

**дочь, / кото́рую хоте́лось ему́ проводи́ть / в гимна́зию, /**
갔다     그가 데려다주고 싶었던              김나지움으로

**э́то бы́ло по доро́ге. // Шёл снег. //**
김나지움은 가는 길에 있었다.    눈이 내렸다.

– Тепе́рь три гра́дуса тепла́, / но идёт снег, / – говори́л
지금은 영상 3도인데  눈이 내리는구나  구로프가

Гу́ров до́чери. // – Но ведь тепло́ то́лько на земле́, / а
딸에게 이야기했다.  그러나 따뜻한 건 지상에서만이고

наверху́ в атмосфе́ре / совсе́м друга́я температу́ра. //
저 위 대기 중에는  온도가 전혀 다르단다.

– Па́па, / а почему́ зимо́й не быва́ет гро́ма[2]? //
아빠  왜 겨울에는 벼락이 안 쳐요?

Он объясни́л и э́то. // Он говори́л / и ду́мал о том, что /
그는 이것도 설명해 주었다.  그는 말하면서  ~라고 생각했다

вот он идёт на свида́ние / и ни одна́ душа́ не зна́ет об
지금 그는 밀회를 하러 가는데  한 사람도 이것을 알지 못하며

э́том / и, возмо́жно, никогда́ не бу́дет знать. // У него́
또 아마도 영원히 알지 못할 것이라고.  그에게는

бы́ли две жи́зни: / одна́, / кото́рую ви́дели и зна́ли все, /
두 개의 삶이 있었다  하나는  모두가 보고 있고 알고 있는

кому́ э́то ну́жно бы́ло, / по́лная обма́на[3], / о́чень похо́жая
그래야 하는 사람들 모두가  거짓으로 가득 차 있었고  삶과 매우 비슷했다

на жизнь / его́ знако́мых и друзе́й, / и друга́я – та́йная. //
그의 지인들과 친구들의  다른 하나는 비밀에 싸인 것이었다.

1 Славянский базар 20세기 초 모스끄바의 유명했던 호텔이자 레스토랑으로 지금까지 남아 있다. 이곳에서 체홉은 자신의 작품이 자주 초연되었던 모스끄바 예술극장의 감독과 배우들을 만나곤 했다. | 2 гром 천둥, 벼락 | 3 обман 거짓, 기만

Всё, что бы́ло для него́ ва́жно, интере́сно, необходи́мо, /

в чём он не обма́нывал себя́, / происходи́ло та́йно от

други́х, / всё же, что бы́ло его́ непра́вдой, / наприме́р, /

его́ рабо́та в ба́нке, / его́ «ни́зшая ра́са», / то, как он

спо́рил в клу́бе, / ходи́л с жено́й на пра́здники, / – э́то

ви́дели и зна́ли все. // И так роди́лось / его́ мне́ние о

други́х: / он не ве́рил тому́, что ви́дел, / и всегда́ ду́мал,

что / у ка́ждого челове́ка есть / его́ настоя́щая[1], са́мая

интере́сная жизнь. // Ка́ждая жизнь де́ржится[2] на та́й-

не, / и, наве́рное, поэ́тому культу́рный челове́к так

хо́чет, / что́бы уважа́ли его́ та́йну. //

Гу́ров проводи́л дочь / в гимна́зию / и пошёл в «Славя́н-

ский база́р». // Он снял шу́бу внизу́, / подня́лся наве́рх /

и ти́хо постуча́л[3] в дверь. // А́нна Серге́евна, / в его́ лю-
조용히 문을 두드렸다. 안나 세르게예브나는 그가 가장

би́мом се́ром пла́тье, / уста́лая по́сле доро́ги, / ждала́
좋아하는 회색 드레스를 입고 여행으로 지친 모습으로

его́ со вчера́шнего ве́чера; / она́ была́ бледна́, / смотре́ла
어제 저녁부터 그를 기다렸다 그녀는 창백했고 그를

на него́ / и не улыба́лась, / и когда́ он вошёл, / она́ сра́зу
쳐다보면서도 미소 짓지 않았으나 그가 들어서자 곧바로

же обняла́ его́. // Как бу́дто они́ не ви́делись го́да два, /
그를 끌어안았다. 마치 그들은 두어 해 못 만난 것처럼

поцелу́й их был до́лгий, дли́нный. //
그들의 입맞춤은 오랫동안 길게 이어졌다.

– Ну, как живёшь там? / – спроси́л он. / – Что но́вого? //
어떻게 지냈소? 그가 물었다 새로운 소식은?

– Подожди́, / сейча́с скажу́... / Не могу́. //
잠시만요 얘기해 줄게요 못 하겠어요.

Она́ не могла́ говори́ть, / потому́ что пла́кала. // Вста́ла
그녀는 말을 하지 못했다 울고 있었기 때문에.

к нему́ спино́й / и поднесла́[4] плато́к / к глаза́м. //
그에게 등을 돌리고 서서 손수건을 가져갔다 눈가로.

1 настоящий 현재의, 실제의 | 2 держаться на чём 유지되고 있다, 이어지다 | 3 постучать 노크하다 | 4 поднести (...의 근처로) 가져오다, 가져가다

«Ну, пусть поплáчет, / а я покá посижý», / – подýмал
'음, 잠시 울게 두고      난 좀 앉아 있어야겠다'      그는 (이렇게)

он / и сел в крéсло. //
생각하며 소파에 앉았다.

Потóм он позвонúл / и сказáл, / чтобы емý принеслú
잠시 후 그는 벨을 울려      말했다      차를 가져오도록

чáю; / и потóм, / когдá пил чай, / онá всё стоя́ла к немý
그 후      차를 마시는 동안      그녀는 내내 그를 등지고 서 있었다.

спинóй... // Онá плáкала от волнéния, / от мы́сли, что
그녀는 근심 때문에 울고 있었다      (그리고) 그들의 인생이

их жизнь так грустнá; / онú ви́дятся тóлько тáйно. //
너무도 서글프다는 생각에      그들은 오직 숨어서만 만날 수 있었다.

Рáзве мóжно так жить? //
과연 이렇게 살 수 있을까?

– Ну, перестáнь! / – сказáл он. //
이제 그만하오!      그가 말했다.

Для негó бы́ло я́сно, что / э́та их любóвь / кóнчится ещё
그에게는 ~라는 것이 명백했다      그들의 사랑은      곧 끝나지는 않을 것

не скóро, / неизвéстно когдá. // Анна Сергéевна привы-
이라고      언제인지는 모르지만.      안나 세르게예브나는 그에게 익숙해 졌고

кáла к немý / всё сильнéе, / óчень люби́ла егó, / и бы́ло
점점 더 강하게      그를 매우 사랑했기 때문에

бы невозмóжно / сказáть ей, что / всё э́то должнó же /
불가능했을 것이다      그녀에게 ~라고 말하는 것은      이 모든 것은 반드시

имéть когдá-нибудь конéц; / да онá бы и не повéрила
언젠가 끝난다      (말한다 한들) 그녀는 이것을

э́тому. //
믿지 않았을 것이다.

Он подошёл к ней / и взял её за пле́чи, / что́бы прилас-
그는 그녀에게 다가가   어깨를 잡았다   위로하고 달래 주려고

ка́ть[1], пошути́ть[2], / и в то вре́мя / уви́дел себя́ в зе́ркале. //
그리고 그 순간   거울 속 자신의 모습을 보았다.

Голова́ его́ уже́ станови́лась седо́й. // И ему́ показа́лось
그의 머리는 벌써 희끗희끗해지고 있었다.   그에겐 기묘하게 느껴졌다

стра́нным, / что он так постаре́л / за после́дние го́ды. //
그가 이렇게 나이 들어 버렸다는 것이   최근 몇 년 동안에.

Пле́чи, / на кото́рых лежа́ли его́ ру́ки, / бы́ли теплы́ и
어깨는   그의 손이 놓인   따뜻했고 떨고 있었다.

дрожа́ли. // Он пожале́л э́ту жизнь, / ещё таку́ю тёплую
그는 이 생을 안타깝게 느꼈다   아직 이처럼 따뜻하고

и краси́вую, / но, наве́рное, / уже́ бли́зкую к тому́, /
아름다운 생을   그러나 아마도   벌써 가까워진(생을)

что́бы нача́ть вя́нуть[3], / как его́ жизнь. // За что она́ его́
시들기 시작하는 것에   그의 인생처럼.   무엇 때문에 그녀는

лю́бит так? // Он всегда́ каза́лся же́нщинам / не тем,
그를 이토록 사랑하는 걸까?   그는 항상 여자들에게 ~로 보였다   (실제의) 그가 아닌

[1] приласка́ть 쓰다듬다, 귀여워하다 | [2] пошути́ть СВ – шути́ть НСВ 농담하다, 장난하다 |
[3] вя́нуть 시들다, 쇠퇴하다

кем был, / и они́ люби́ли в нём / не его́ самого́, / а челове́-
다른 모습으로   그리고 그들은 그 안에서 사랑했다   그 자신이 아니라

ве́ка, / кото́рого приду́мывали / и кото́рого они́ в свое́й
사람을   그들이 생각해 낸   그리고 그들이 자신의 삶에서

жи́зни о́чень иска́ли; / и пото́м, / когда́ замеча́ли свою́
오랫동안 찾아 다녔던   그리고 후에   자신들의 실수를 깨달았을 때에는

оши́бку, / то всё равно́ люби́ли. // И ни одна́ из них /
그냥 계속 사랑을 나눴다.   그리고 그들 중 누구 하나도

не была́ с ним сча́стлива. // Вре́мя шло, / он знако́мил-
그와 함께 있을 때 행복하지 않았다.   시간은 흘러 갔고   그는 (여자들과) 만나고

ся, / расстава́лся, / но ни ра́зу не люби́л; / бы́ло всё, /
헤어졌으나   한번도 사랑을 하지는 않았다   모든 것이 있었지만

но то́лько не любо́вь. //
사랑만은 없었다.

И то́лько тепе́рь, / когда́ у него́ голова́ ста́ла седо́й, /
그리고 이제 와서야   그의 머리가 세기 시작한

он полюби́л по-настоя́щему / – пе́рвый раз в жи́зни. //
그는 진정으로 사랑하게 되었다   난생 처음으로.

А́нна Серге́евна и он люби́ли друг дру́га, / как о́чень
안나 세르게예브나와 그는 서로를 사랑했다   아주 가까운 사람

бли́зкие, родны́е лю́ди, / как муж и жена́, / как хоро́-
들처럼, 육친처럼   남편과 아내처럼   좋은 친구들처럼

шие друзья́; / им каза́лось, что / сама́ судьба́ вы́брала
그들에게는 ~처럼 느껴졌다   운명 자신이 그들을 선택한 것처럼

их / друг для дру́га, / и бы́ло непоня́тно, / для чего́ он
서로를 위해 서로를   이해가 되지 않았다   그가 왜 결혼을 했고

104 ДАМА С СОБАЧКОЙ

женат, / а она замужем; / и как будто это были / две
перелётные птицы[1], / которых поймали, / и теперь они
должны жить / в разных клетках[2]. // Они простили друг
другу / то, чего стыдились[3] / в своём прошлом, / прощали
всё сейчас / и чувствовали, что / любовь изменила их. //

　Раньше в грустные минуты / он успокаивал себя / разными мыслями, / какие только приходили ему в голову, / теперь же / ему было не до мыслей, / он чувствовал
жалость, хотелось быть честным, ласковым... //

　− Перестань, / моя хорошая, / − говорил он, / − по-

1 перелётные птицы 철새 | 2 клетка 새장, 우리 | 3 стыдиться 부끄러워하다

пла́кала – и хва́тит… // Тепе́рь дава́й поговори́м, / что́-
그만큼 울었으면 되었고... 이제 이야기를 합시다

нибудь приду́маем. //
뭐든 (방법을) 생각해 냅시다.

Пото́м они́ до́лго сове́товались, / говори́ли о том, как
그리고 그들은 오랫동안 상의했고 어떻게 해야 할지를 이야기했다

сде́лать, / что́бы не встреча́ться та́йно, / не обма́нывать, /
몰래 만나지 않기 위해 기만하지 않기 위해

не жить в ра́зных города́х, / ча́ще ви́деться. //
각기 다른 도시에 살지 않기 위해 더 자주 만나기 위해.

– Как? Как? / – спра́шивал он с волне́нием. // – Как? //
어떻게? 어떻게? 그는 근심에 차 물었다. 어떻게?

И каза́лось, что / ещё немно́го / – и они́ найду́т реше́ние, /
그리고 ~라고 생각했다 조금 더 지나면 그들은 방법을 찾을 것이고

и тогда́ начнётся / но́вая, прекра́сная жизнь; / и им бы́ло
그러면 시작될 것이라고 새롭고 아름다운 삶이 그들에게는

я́сно, что / до конца́ ещё далеко́-далеко́ / и что са́мое
분명했다 끝은 아직 멀리 멀리 있으며 가장 힘들고 어려운

сло́жное и тру́дное / то́лько ещё начина́ется. //
것은 지금 막 시작되었다는 것이.

# ДАМА С СОБАЧКОЙ

전문 번역

# 1

해변에 새로운 얼굴이 나타났다는 이야기가 돌았다. 개를 데리고 다니는 여인이었다. 얄따에서 벌써 2주를 지내면서 이곳에 완전히 익숙해진 드미뜨리 드미뜨리치 구로프도 새로운 사람에게 호기심이 생겼다. 그는 베르네의 파빌리온에 앉아서, 그리 크지 않은 키에 베레모를 쓴 금발의 젊은 여인이 해안길을 따라 걸어가는 것을 보았다. 하얀 개가 그 뒤를 따라가고 있었다.

이후 그는 시내 공원에서 하루에 몇 번씩 그녀와 마주쳤다. 그녀는 혼자 산책했고 언제나 같은 베레모를 쓰고 있었으며, 흰 개를 데리고 다녔다. 그녀가 누구인지를 아무도 몰라서 다들 그저 개를 데리고 다니는 여인이라고 불렀다.

'이곳에 남편이나 아는 사람과 함께 있는 게 아니라면, 인사를 나눠 보는 것도 괜찮겠어.' 하고 구로프는 생각했다.

구로프는 마흔이 채 되지 않았으나, 이미 열두 살 난 딸과 김나지움에 다니는 두 아들이 있었다. 구로프의 부모는 그가 아직 대학 2학년일 때 일찍 결혼을 시켰기 때문에 이제 그 아내는 그보다 1.5배는 더 나이 들어 보였다. 아내는 큰 키에 도도하고 거만한 사람이었고, 스스로를 지적인 사람이라고 여겼다. 그녀는 독서를 많이 했으나 편지에는 늘 ъ를 쓰지 않았고, 남편을 드미뜨리라고 부르지 않고 지미뜨리라고 불렀다. 구로프는 내심 아내가 어리석고 편협하다고 생각했다. 그는 아내를 두려워해서 집에 있기를 싫어했다. 이미 오래전부터 구로프는 아내를 배신하기 시작했고 또 자주 배신했다. 그리고 어쩌면 그 때문에 그는 여자들에 대해 거의 언제나 험담을 하며 '가장 저급한 족속'이라고 일컬었다.

그러나 '가장 저급한 족속' 없이는 그는 단 이틀도 살 수 없었을 것이다. 남자들의 모임에서 그는 지루해했고 말수도 적었으며 냉랭했지만, 여자들 사이에 있게 되면 편안해져서, 여자들과 어떤 이야기를 나누어야 하고 어떻게 행동해야 하는지를 잘 알았다. 심지어 여자들과는 말 없이 있는 것도 그에게는 쉬운 일이었다. 그의 성격과 천성 자체에 여자들을 끌어당기는 무언가가 있었다. 그도 이것을 알고 있었고, 또한 뭔가에 의해 그 자신도 늘 여자들에게 끌렸다.

처음엔 다정하고 가벼운 모험으로 시작되는 연애가 고상한 사람들, 특히 결단력 없는 모스끄바 사람들에게서는 반드시 완전한 문젯거리로, 매우 복잡하고 불쾌한 일로 발전한다는 것을 이미 오래전 많은 경험, 사실은 쓰디쓴 경험들이 그에게 가르쳐 주었다. 하지만 흥미를 끄는 여자를 만나면 이런 경험은 완전히 잊혀져 다시금 만남을 꾀하고 싶어지고 모든 것이 단순하게만 여겨지곤 했다.

이런 차에 어느 저녁, 그가 정원에서 식사를 하고 있을 때, 베레모를 쓴 여인이 옆자리에 앉으려고 천천히 다가왔다. 그녀의 모든 것이 그에게, 그녀가 점잖은 사회 출신이고, 기혼이고, 얄따에는 처음 왔고, 혼자여서 쓸쓸하다는 것을 말해 주었다… 여인이 그의 가까이에 있는 옆 테이블에 앉자 그는 쉬운 연애와 산으로의 여행에 관한 이야기들이 생각났다. 그리고 갑자기 이름도 성도 모르는 낯선 여자와의 짧은 연애에 관한 생각이 머릿속에 떠올랐다.

그는 정답게 강아지를 불렀고, 강아지가 다가오자 손가락으로 위협하는 시늉을 했다. 강아지가 으르렁거렸다. 구로프는 다시 손짓을 했다.

여인은 그를 한 번 쳐다보고는 바로 시선을 돌렸다.

- 물지 않아요, - 여인은 이렇게 말하며 얼굴을 붉혔다.

- 강아지에게 뭘 좀 줘도 될까요? - 그리고 그녀가 "네" 하고 답하자, 그가 정중하게 물었다.

- 얄따에 오신 지 오래되었나요?

- 5일 정도 되었어요.

- 저는 거의 2주 가까이 여기서 지내고 있습니다.

그리고 잠시 둘 다 말이 없었다.

- 시간은 참 빨리 가지요. 그런데 여기는 참 지루하군요! - 그녀가 말했다.

- 여기가 지루하다고 다들 그냥 말하는 거예요. 벨료프나 쥐즈드라 따위에 사는 사람이 거기선 지루하지 않다가 여기에 와서는 "아, 지루해! 아, 평범해!" 해대는 겁니다. 자기가 그라나다쯤에서 온 줄 아는 거지요.

여인이 웃었다. 그리고 그들은 마치 모르는 사람들처럼 아무 말 없이 식사를 했다. 그러나 식사 후에는 함께 걷기 시작했다. 어딜 가든 무슨 얘기를 하든 상관 없는 자유롭고 풍족한 사람들의 경쾌하고 즐거운 대화가 시작되었다. 그들은 함께 걸으며, 바다를 비추는 기묘한 빛에 대해 이야기했다. 바다는 부드럽고 온화한 색을 띠고 있었고, 그 바다를 따라 달로부터 황금빛 길이 이어져 있었다. 구로프는 자신은 모스끄바 사람이고, 어문학부를 마쳤으나 은행에서 일하고 있으며, 언젠가 오페라 무대에 서려고도 했으나 그만두었고, 모스끄바에는 집이 두 채가 있다…는 등의 이야기를 했다. 그녀의 이야기로부터 그는, 그녀가 뻬쩨르부르그에서 자랐으나 벌써 두 해째 살고 있는 S시로 시집을 갔고, 얄따에는 한 달 이상 있을 예정이며, 그녀를 따라, 아마도, 그녀와 마찬가지로 쉬고 싶어 하는 남편이 올 거라는 걸 알았다. 그녀는 남편이 어디에서 일하는지를 좀처럼 설명하지 못했는데, 이것이 그녀 자신에게도 우습게 느껴졌다. 또한 구로프는 그녀의 이름이 안나 세르게예브나라는 걸 알게 되었다.

그 후 구로프는 자기 방에서 그녀에 대해 생각하면서, 아마도 내일 그녀가 자신을 만나러 올 것이라고 생각했다. 틀림없었다. 잠들기 전 그는, 그녀가 얼마 전까지도 김나지움의 여학생이었고, 지금의 자기 딸과 똑같이 공부하고 있었을 거라는 생각이 들었다. 그리고 낯선 사람과 이야기할 때 그녀의 웃음에서 엿보였던 소심하고 조심스러운 모습을 떠올렸다. 그녀도 이해하지 못할 리 없는 단 하나의 비밀스런 목적을 위해 사람들이 그녀에게 이야기하고, 그녀를 쳐다보고, 그녀를 따라다니는 이런 상황에 난생 처음 놓인 것이 분명했다. 그는 또 그녀의 가녀린 목과 아름다운 회색 눈동자를 생각했다.

– 그 여자에게는 무언가 안쓰러운 느낌이 있어. – 그는 이렇게 생각하며 잠자리에 들었다.

### 알맞은 답을 골라 문장을 완성하세요.

**1. 소설의 주인공들은**

а) 줄곧 얄따에서 살아 왔다.
б) 얄따에 쉬러 왔다.
в) 얄따에 짧은 관광을 왔다.

**2. 구로프는 개를 데리고 다니는 여인을 해안길에서 처음 보고**

а) 곧바로 그녀에게 관심을 기울였다.
б) 그녀에게 다가가 함께 산책하자고 제안했다.
в) 전에 이미 그녀를 만난 적이 있다고 생각했다.

### 3. 소설의 주인공들은 ..... 서로 알게 되었다.

a) 해변에서 산책할 때

б) 정원에서 안나 세르게예브나가 개를 잃어버려 찾지 못하고 있을 때

в) 정원에서 식사할 때

### 4. 그들이 처음 만난 날

a) 그들은 즐겁고 기분이 좋아서 오랫동안 이야기를 나눴다.

б) 매우 시끄러웠기 때문에 그들은 자신에 대해 아주 조금 이야기할 수 있었다.

в) 안나 세르게예브나는 구로프에게 자기 남편에 대해 오랫동안 이야기했다.

### 5. 드미뜨리 구로프는

a) 젊고 자유로웠으며, 어떤 아름다운 여자와든 인사를 나누고 싶었다.

б) 충실한 남편이었으며, 다른 여자들은 그의 관심을 끌지 못했다.

в) 기혼이었으나, 항상 다른 여자들과 불륜에 빠졌다.

### 6. 소설의 남자 주인공은 보통

a) 여자들이 좋아했다.

б) 남자들의 모임에 있는 것을 좋아했다.

в) 혼자 있는 것을 좋아했다.

### 7. 드미뜨리 구로프는

a) 일생 동안 모든 것을 쉽게 얻었고, 원하는 것은 모두 성취했다.

б) 매우 가난했기 때문에 일을 많이 해야 했다.

в) 인생의 모든 것이 그가 원하는 대로 되지 않았기 때문에 삶이 지루했다.

### 8. 구로프는

a) 예전에 철학학부에서 공부했다.

б) 젊었을 때 가수가 되고 싶었다.

в) 어린 시절부터 은행에서 일하고 싶어 했다.

### 9. 안나 세르게예브나는

a) 인생을 잘 아는 노련한 여자였다.

б) 젊고 소심했다.

в) 매우 이상했고 아무와도 닮지 않았다.

### 10. 안나 세르게예브나는

a) 모스끄바 여자였다.

б) 오랫동안 뻬쩨르부르그에 살다가 다른 곳으로 갔다.

в) 일생 동안 S시에서 살았다.

### 11. 개를 데리고 다니는 여인은 구로프에게 ...를 생각나게 했다.

a) 그의 어머니

б) 그의 딸

в) 한 여배우

### 12. 첫 만남 후 구로프는 ...을 알게 되었다.

a) 바로 그 날 그의 운명이 정해졌다는 것

б) 새로운 연애가 시작되었다는 것

в) 안나 세르게예브나와는 아마도 다시 만나게 되리라는 것

# 2

 첫 만남 후 한 주가 지났다. 축제일이었다. 실내는 답답했으나 밖에는 바람이 불어 댔다. 하루 종일 갈증이 났다. 구로프는 파빌리온에 자주 들러 안나 세르게예브나에게 물이나 아이스크림을 권했다. 갈 만한 곳이 없었다.

 저녁이 되어 날씨가 좋아지자 그들은 기선이 들어오는 것을 보기 위해 해안으로 나갔다. 해안길에는 사람들이 많이 있었다; 누군가를 마중하러 들 나왔고, 꽃다발도 들고 있었다. 성장을 하고 여기에 모인 얄따 사람들은 쉽게 두 부류로 나눌 수 있었다: 젊은 사람처럼 차려입은 나이 든 부인들 아니면 장군들이었다.

 악천후 때문에 기선은 늦게, 이미 해가 진 후에 도착했다. 안나 세르게예브나는 기선과 승객들을 보고 있었다. 아는 얼굴을 찾는 것 같았다. 그리고 구로프를 돌아봤을 때 그녀의 눈은 반짝이고 있었다. 그녀는 많은 이야기를 하면서 짧은 질문들을 던졌다. 그러고는 자신이 무엇을 물어봤는지도 바로 잊어버렸다.

 사람들이 흩어져 떠나기 시작했고 바람도 이미 완전히 멎었으나 구로프와 안나 세르게예브나는 누군가를 기다리듯 서 있었다. 안나 세르게예브나는 구로프에게 눈길도 주지 않으며 말 없이 있었다.

 – 저녁이 되니 날씨가 좋아졌군요, – 그가 말했다. – 이제 어디로 갈까요? 어디든 갈까요?

 그녀는 아무 대답도 하지 않았다.

그러자 그는 그녀를 유심히 바라보다가 갑자기 끌어안고 입술에 입을 맞췄다. 그리고 곧바로 두려운 표정을 지었다: 누가 보지는 않았을까?

- 당신 숙소로 갑시다. - 그가 조용히 말했다.

그들은 빠르게 걸어갔다.

그녀의 방은 갑갑했고, 그녀가 일본 상점에서 산 향수 냄새가 배어 있었다. 구로프는 그녀를 바라보며 생각했다. '살다보니 이런 만남도 다 있군!' 그에게는, 매우 짧았던 행복에 대해서도 그에게 감사했던, 그리고 그 사랑을 기뻐했던 선량한 여자들에 대한 기억이 남아 있었다. 그리고 또, 예를 들면 그의 아내처럼, 불필요한 이야기를 늘어놓으면서, 이것은 사랑도 열정도 아닌 그러나 더 중요한 무언가라고 말하는 듯 부자연스럽게 사랑을 나누는 여자도 있었다. 또한 매우 아름답고 냉정하며, 인생이 자신에게 줄 수 있는 것보다 더 많은 것을 쟁취해 내려는 듯한, 어리지도 똑똑하지도 않은 여자도 두엇 있었다. 이들에 대한 사랑이 식자 구로프는 그들의 미모를 혐오하게 되었다.

그리고 지금 눈앞에 있는 것도 이전과 똑같은, 미숙하고 젊은 여자의 소심함과 조심스러움이었다. 안나 세르게예브나, 이 '개를 데리고 다니는 여인'은 지금 일어난 일을 유별나게, 매우 심각하게 자신의 타락으로 여기는 것처럼 보였다. 이것이 구로프에게는 매우 이상했고 적절치 않아 보였다. 그녀는 슬픈 표정으로 앉아 생각에 잠겨 있었는데, 그 모습이 마치 오래된 그림 속의 죄인과 비슷해 보였다.

- 이건 옳지 않아요. - 그녀가 말했다. - 당신은 이제 나를 얕보는 첫 번째 사람이 되겠군요.

방 안 테이블에는 수박이 놓여 있었다. 구로프는 한 조각을 잘라 들고 천천히 먹기 시작했다. 아무 말 없이 30분이 지나갔다.

안나 세르게예브나는 정결하고 고상한 여인이었다. 그녀는 진심으로 슬퍼하는 것 같았다.

- 내가 왜 당신을 함부로 대하겠소? - 구로프가 물었다. - 자신이 무슨 말을 하고 있는지도 모르는 것 같소.

- 하느님이 저를 용서해 주시기를! - 그녀는 이렇게 말하고 울기 시작했다. - 끔찍해요.

- 마치 구실이라도 찾으려는 것 같군.

- 내가 무슨 구실을 찾을 수 있겠어요? 난 나쁘고 저속한 여자예요. 나 자신을 소중히 여기지 않아요. 변명할 생각도 없어요. 난 남편이 아니라 나 자신을 기만한 거예요. 그리고 지금만 그런 게 아니라 이미 오래전부터 그래 왔던 거예요. 내 남편은, 아마, 정직하고 좋은 사람일지는 모르지만, 비굴한 사람이에요! 나는 그가 무얼 하는지 어떻게 일하는지도 모르지만 그가 비굴하다는 것만은 알아요. 그에게 시집올 때 난 스무 살이었어요. 재미있을 것 같았고, 더 나은 뭔가를 바랄 때였어요. 스스로에게 말했어요, '이건 또 다른 삶이잖아'라고요. 한번 살아 보고 싶었어요. 이렇게도 살고, 저렇게도 살고... 당신은 이걸 이해할 수 없겠지만, 정말로, 믿어 줘요. 그런데 뭔가가 내 안에서 일어났어요. 나 자신을 멈출 수가 없었어요. 그래서 남편에게는 아프다고 말하고 여기로 온 거예요... 그러고는 여기서 꼭 정신 나간 여자처럼 돌아다녔죠... 그리고 이제는 이렇게 아무도 소중히 여기지 않는 저속한 여자가 된 거예요.

구로프는 이미 이야기를 듣고 있기가 지루했고 이 모든 것이 갑작스럽고 기묘하게 느껴졌다. 그녀가 울지만 않았다면 아마도 농담을 하거나 연기를 하고 있다고 생각했을 것이다.

— 이해가 되질 않소, — 그가 조용히 말했다, — 대체 뭘 원하는 거요?

— 믿어 주세요, 나를 믿어 주세요, 부탁이에요... — 그녀가 말했다. — 나는 정결하고 바른 삶을 사랑해요. 죄는 내게 불쾌한 것이에요. 그런데 내가 무슨 짓을 하는 건지 모르겠어요. 보통 사람들은 '뭔가에 홀렸다'고 말하죠. 그러니 나도 이제는 나 자신에게 '뭔가에 홀렸다'고 말할 수 있을지도 모르겠어요.

— 그만, 그만하시오. — 그가 말했다.

그가 그녀의 눈을 바라보며 입을 맞춘 뒤 조용히 그리고 부드럽게 이야기하자 그녀는 차차 진정되어 다시금 쾌활해졌다. 그리고 그들은 다시 웃기 시작했다.

잠시 후 밖으로 나왔을 때, 해변길에는 아무도 없었고, 도시와 삼나무들도 죽은 듯 고요했지만 바다는 여전히 소리를 내며 해안에 부딪히고 있었다. 그들은 오레안다에 가기로 했다.

— 지금 막 아래에서 당신의 성을 알아냈소, 폰 디데리츠, — 그가 말했다. — 남편이 독일인이오?

— 아니요, 아마도 할아버지가 독일인이었던 것 같아요. 하지만 그는 정교도예요.

오레안다에서 그들은 교회 근처에 앉아 말 없이 바다를 내려다보았다. 얄따는 아침 안개 속에 흐릿하게 보였고, 산 위로는 하얀 구름이 떠 있었다. 고요한 가운데 바다 소리만이 평온에 대해, 우리가 맞이하게 될 영원한 잠에 대해 이야기하는 듯했다. 아래쪽 저 바다는 여기에 얄따도 오레안다도 없던 때에도 철썩였을 것이고, 지금도 철썩이고 있고, 우리가 없어진 후에도 철썩일 것이다. 구로프는, 이 이른 아침에 너무나 아름다워 보이는 젊은 여인과 나란히 앉아 바다와 산, 구름, 넓은 하늘을 평화롭게 바라보며 생각했다. 이 세상의 모든 것이, 인생의 고귀한 목적과 사람의 가치를 잊은 채 우리가 생각하고 만들어 내는 것을 제외한 모든 것이 아름다운 것 같았다.

어떤 사람이 다가와 그들을 쳐다보다 다시 갔다. 이런 일조차 매우 신비롭고 아름답게 느껴졌다. 페오도시아에서 기선이 도착한 것 같았다.

― 벌써 아침이네요. ― 안나 세르게예브나가 침묵을 깨고 말했다.

― 그렇소. 돌아갈 시간이군.

그들은 시내로 돌아왔다.

이후 그들은 매일 정오에 해변길에서 만나 함께 아침을 먹고, 점심을 먹고, 산책을 하고, 바다를 바라보았다. 그녀는 잠을 잘 자지 못하며 심하게 가슴이 뛴다고 이야기했다. 똑같은 질문들을 거듭하고 불안해하면서, 그가 자신을 충분히 소중하게 여기고 있는지를 걱정했다. 정원에서 자주, 주위에 아무도 없을 때면 그는 갑자기 그녀를 끌어당겨 격렬히 입을 맞췄다. 대낮의 이러한 입맞춤, 누군가 자신들을 볼 수 있다는 두려움, 바다 내음, 그리고 도처에서 끝없이 마주치곤 하던 잘 차려입고 빈둥대는 사람들의 모습이 그를 바꿔 놓은 것 같았다. 그는 안나 세르게예브나에게, 그녀가 훌륭한 여자이고, 자신은 열정으로 가득 차 있으며, 그녀를 떠나 어디로도 가지 않겠다고 이야기했지만, 그녀는 자주 어떤 생각에 잠겨, 그가 실은 그녀를 하찮게 생각하고 있고, 조금도 사랑하지 않으며, 오직 저속하고 죄 많은 여자로 여기고 있다는 사실을 있는 그대로 말해 달라고 부탁하곤 했다. 거의 매일 저녁 느지막이 그들은 근교로 나갔다. 나들이는 언제나 즐거웠고, 늘 아름다운 인상을 남겼다.

그들은 남편이 오기를 기다렸으나 대신 편지가 왔다. 편지에서 남편은 눈이 심하게 아프니 빨리 집으로 돌아오라고 아내에게 부탁하고 있었다. 안나 세르게예브나는 채비를 서둘렀다.

— 내가 가게 된 건 잘된 일이에요. — 그녀가 구로프에게 말했다. — 이게 바로 운명이에요.

그는 역까지 그녀를 데려다 주었다. 한나절이 꼬박 걸렸다. 열차에 오르고 두 번째 벨이 울리자 그녀가 말했다.

— 당신을 한 번 더 보게 해 줘요... 한 번 더. 그래요, 이렇게..

그녀는 울지 않았으나 슬퍼 보였으며, 아픈 사람처럼 얼굴을 떨고 있었다.

— 당신에 대해 생각할 거예요... 기억할 거예요. — 그녀가 말했다. — 주께서 당신과 함께하시길. 우리는 영원히 헤어지는 거예요. 그래야만 해요. 우리는 만나선 안 되니까요. 주께서 당신과 함께하시기를.

기차는 빠르게 떠나갔고 1분 후에는 이미 기차 소리조차 들리지 않았다. 구로프는 역에 홀로 남아 막 잠에서 깬 듯한 기분으로 어둠 속을 바라보았다. 그리고 생각했다. 자신의 인생에 이렇게 또 하나의 연애가 있었고, 이 역시 이미 끝나서 이제는 추억만 남게 되었다고... 그는 혼란스러웠고 슬펐으며 자신들에게 일어난 일이 조금은 후회스러웠다. 다시는 만나지 못할 이 젊은 여인은 그와 있는 동안 행복해하지 않았다! 그는 그녀를 정중하고 다정하게 대했지만 어쨌든 그 다정함 속에는 그녀보다 두 배는 더 나이가 많은 거만하고 유복한 남자의 경박한 조소가 깔려 있었다. 그녀는 언제나 그를 선량하고 특별한 사람이라고 불렀다; 어쩌면 그는 그녀에게 실제 모습으로 비춰지지 않았을지도 모른다. 다시 말해 그는 그녀를 기만했던 것이다…

역에는 벌써 가을 기운이 완연했고 바람은 차가워져 있었다.

'나도 올라가야겠다.' – 구로프는 역을 떠나며 이렇게 생각했다. – '때가 된 거야!'

### 알맞은 답을 골라 문장을 완성하세요.

**1. 어느 날 저녁 구로프와 안나 세르게예브나는 해안길을 따라 산책했다. 왜냐하면**

a) 배가 도착하는 걸 보고 싶었기 때문이다.
б) 할 일이 없었기 때문이다.
в) 안나 세르게예브나의 남편이 오기를 기다리고 있었기 때문이다.

**2. 저녁에 방에서 안나 세르게예브나는**

a) 즐거웠고 내내 웃었다.
б) 울면서 자신이 죄인이라고 했다.
в) 슬퍼했으나 구로프는 그녀가 슬픈 척하는 것이라고 여겼다.

**3. 안나 세르게예브나는 … 때문에 얄따에 왔다.**

a) 매우 아파서 치료가 필요했기
б) 여행을 매우 좋아했기
в) 권태와 일상에서 벗어나고 싶었기

**4. 호텔에서 구로프는 그녀의 이야기를 들으며**

a) 그녀의 말을 한마디도 믿지 않았다.
б) 이 모든 것이 매우 지루하고 이상하다고 생각했다.
в) 수박을 먹거나 방 안을 초조하게 돌아다녔다.

**5. 이후 그들은 오레안다에 가서**

a) 오랫동안 교회 근처에 앉아 말 없이 바다를 바라보았다.
б) 아침까지 입맞춤을 나누고 사랑에 대해 이야기했다.
в) 해안길을 따라 오랫동안 거닐며 이 도시의 아름다움에 대해 이야기했다.

**6. 그들은**

a) 자주 만나지는 않았지만 늘 열정으로 가득 찬 만남이었다.
б) 몰래 만났다. 구로프가 남들이 볼까 봐 두려워했기 때문이다.
в) 매일 만나서 많은 시간을 함께 보냈다.

**7. 구로프를 만나던 시기에 안나 세르게예브나는**

a) 항상 즐거웠고 행복해했다.
б) 불안해하며 자신이 저속한 여자라고 했다.
в) 남편을 자주 생각했다.

**8. 안나 세르게예브나를 만날 때 구로프는**

а) 열정적이고 다정했다.
б) 아내를 배신하고 있다고 생각했다.
в) 자신의 모스끄바 지인들이 볼까봐 두려워했다.

**9. 안나 세르게예브나는 ... 얄따를 떠났다.**

а) 남편으로부터 전보를 받고
б) 남편이 아프니 집으로 돌아와 달라고 부탁하는 편지를 받고
в) 이미 오래전부터 집으로 돌아가야 했기 때문에

**10. 구로프가 역에서 배웅할 때 안나 세르게예브나는**

а) 울면서 아무 말도 하지 못했다.
б) 슬퍼하면서 다시는 만나지 못할 거라 말했다.
в) 다음 만남을 약속했다.

**11. 그녀가 떠난 후에 구로프는**

а) 이 여인을 절대로 잊지 못할 거라는 것을 깨달았다.
б) 곧바로 자신의 아내를 생각했다.
в) 지난 일을 여름의 짧은 연애 정도로 여겼다.

**12. 안나 세르게예브나를 배웅하고 나서 구로프는**

а) 자신도 집으로 돌아가기로 결심했다.
б) 조금 더 얄따에 있고 싶어졌다.
в) 곧바로 기차를 타고 떠났다.

# 3

　모스끄바는 이미 겨울이었고, 아이들이 김나지움에 갈 채비를 하고 차를 마시는 아침에도 여전히 깜깜했다. 추위가 시작되었다. 첫눈이 오면, 하얗게 덮인 땅이나 하얀 지붕들을 보는 것도, 온화하고 경쾌한 공기를 들이쉬는 것도 유쾌하고, 또한 젊은 시절이 생각난다. 눈으로 새하얘진 자작나무들은 삼나무보다 감성적이어서 그 곁에서는 산이니 바다니 하는 것들은 생각하고 싶지 않아진다.

구로프는 모스끄바 사람이었다. 그는 맑고 추운 날 모스끄바에 도착했다. 털코트를 입고 따뜻한 장갑을 끼고 뻬뜨로프까 거리를 따라 걸으며 토요일 저녁의 교회 종소리를 들으니 최근의 여행과 그가 머물렀던 곳들도 관심에서 멀어져 갔다. 조금씩 그는 다시 모스끄바 생활에 익숙해져서 매일 세 종류의 신문을 관심 있게 읽으면서도 모스끄바 신문들은 원칙상 절대로 읽지 않는다고 말하고 다녔다. 그는 레스토랑과 클럽, 만찬과 파티들에 다니는 걸 즐겼고, 유명한 배우가 자신의 집을 찾아오는 것도, 박사 모임에서 한 교수와 카드놀이를 하는 것도 즐거웠다…

한 달 정도만 지나면 안나 세르게예브나도 잊혀져, 다른 여자들처럼 이따금 미소 띤 모습으로 꿈에 나타나는 정도가 될 것 같았다. 그러나 한 달여가 지나 겨울의 한복판에 들어서서도 모든 기억은 여전히 선명했다. 마치 어제 안나 세르게예브나와 헤어진 것 같았다. 그리고 기억은 점점 더 강렬해졌다. 고요한 저녁에 자기 방에 앉아 아이들의 목소리를 듣거나 레스토랑에서 음악을 듣거나 하면 갑자기 모든 기억이 되살아났다. 해변길에서 있었던 일, 이른 아침 안개에 싸여 있던 산들, 페오도시아에서 온 기선, 그리고 입맞춤까지. 오랫동안 방 안을 서성이며 회상에 잠겨 미소를 짓다 보면 이내 그 기억들이 바람으로 바뀌면서, 과거와 미래가 한데 뒤섞였다. 안나 세르게예브나는 꿈속에 나타나지는 않았으나, 어딜 가나 그를 따라다녔고 그를 지켜보는 것 같았다. 눈을 감으면 그녀가 생생히 보였다. 전보다 더 아름답고 젊고 다정한 모습이었고, 그 역시 얄따에서의 자신보다 더 나은 사람처럼 느껴졌다. 저녁마다 그녀가 책장에서, 방 한쪽에서 자신을 바라보고 있는 것 같았고, 그녀의 숨소리며 그녀의 옷자락이 내는 부드러운 소리가 들리는 것만 같았다. 거리에선 지나가는 여자들을 훑

어보며 그녀와 닮은 사람은 없는지를 찾곤 했다...

마침내 그는 누구에게든 이 추억을 이야기하고 싶어 더 이상 견딜 수가 없었다. 그러나 집에서는 자신의 연애에 대해 말할 수 없었고, 집 밖에서도 이야기할 수 있는 곳이 없었다. 은행에서도 마찬가지였다. 게다가 무슨 이야기를 할 것인가? 그때 그는 사랑을 했던 것인가? 안나 세르게예브나를 대했던 그의 태도에 뭔가 아름답거나 시적인 것 아니면 하다못해 흥미로운 것이라도 있었단 말인가? 그는 결국 에둘러 사랑이나 여자들에 대해 말할 수밖에 없었고, 그러면 아무도 무엇이 문제인지 이해하지 못했다. 아내는 고작 이렇게 말했을 뿐이었다.

- 지미뜨리, 당신과는 전혀 어울리지 않는군요.

어느 날 밤, 지인들과 박사 모임에서 나오는 길에 구로프는 "내가 얄따에서 얼마나 아름다운 여인과 알게 되었는지 상상도 못할 걸세."라고 말했다.

그러자 친구는 가려다 말고 갑자기 멈춰 서서 큰소리로 말했다.

- 드미뜨리 드미뜨리치!
- 응?
- 자네 말이 맞아. 생선 요리는 정말 별로였네.

이 평범한 말이 구로프에게는 왠지 추하고 무례하게 느껴졌다. 이 얼마나 끔찍한 관습인가! 사람들은 또 어떠한가! 이 얼마나 어리석은 밤이며 지루한 날들인가! 카드놀이, 술판, 언제나 이어지는 똑같은 대화들. 쓸데없는 일과 대화에 소중한 시간과 에너지가 버려지고 종국에는 일종의 멍청한 삶만이 남는데도 이로부터 떠날 수도 도망칠 수도 없다니!

구로프는 밤새 잠들지 못했고 다음 날은 하루 종일 머리가 아팠다.

이후 밤마다 그는 제대로 잠을 이루지 못해 내내 침대에 앉아 생각하거나 방 한쪽에서 다른 쪽으로 서성거렸다. 아이들로부터도 지쳐 있었고, 은행도 지겨웠다. 아무데도 가고 싶지 않았고 아무 말도 하고 싶지 않았다.

12월 축제 시기가 되자 그는 길을 떠나기로 작정하고 일 문제로 뻬쩨르부르그에 간다고 아내에게 이야기한 뒤 S시를 향해 떠났다. 무엇을 위해 가는지 그 자신도 잘 몰랐다. 그는 그저 안나 세르게예브나를 만나 이야기하고 싶을 뿐이었다.

그가 S시에 도착한 것은 아침이었다. 도착하자마자 호텔로 가 제일 좋은 방을 잡았다. 회색 마루가 깔려 있는 방이었는데, 방 안 테이블도 먼지가 수북해서 회색처럼 보였다. 수위는 그에게, 폰 디데리츠는 호텔에서 가까운 스따로곤차르나야 거리에 있는 자기 소유의 집에 살고 있으며, 자기 소유의 말도 있고, 부유하게 잘 살고 있어서 이곳에서는 유명한 사람이라고 이야기해 주었다. 수위는 디데리츠를 '드르이드이리츠'로 발음했다.

구로프는 스따로곤차르나야 거리로 가서 그 집을 찾았다. 집 건너편에는 회색 울타리가 길게 뻗어 있었다.

'누구라도 도망치고 싶은 울타리로군.' 구로프는 이렇게 생각하며 창문과 울타리를 번갈아 쳐다봤다.

오늘은 휴일이니 남편이 집에 있을 것 같았다. 설령 그게 아니더라도 어쨌든 그녀의 집으로 가서는 안 되었다. 그녀에게 서신을 보내더라도 남편이 받게 될 수 있고 그러면 모두 엉망이 될 터였다. 우연한 기회를 기대하는 것이 가장 나은 방법이었다. 그는 거리를 계속 서성이며 울타리 주위에서 이 기회를 기다렸다. 한 시간이 지나자 피아노 소리가 약하고 흐릿하게 들려왔다. 어쩌면 안나 세르게예브나가 연주하는 것인지도 몰랐다. 그때 갑자기 문이 열리더니 나이 든 여자 하나가 집에서 나왔고, 그 뒤로 낯익은 강아지가 뛰어나왔다. 구로프는 강아지를 부르고 싶었으나 갑자기 심장이 쿵쾅거리고 너무 떨려 강아지의 이름이 생각나지 않았다.

계속 거리를 서성이고 있자니 점점 더 회색 울타리가 보기 싫어졌다. 동시에 안나 세르게예브나는 자신을 이미 잊었고, 아마도 다른 사람들과 함께하는 것을 즐기고 있을 것이며 이런 끔찍한 울타리를 아침부터 밤까지 보고 있는 젊은 여자라면 그러는 게 당연할 거라는 생각이 들었다. 그는 호텔 방으로 돌아왔으나 무얼 해야 할지 몰라 오랫동안 소파에 앉아 있었다. 그러고는 점심을 먹고 깊이 잠이 들었다.

'이 얼마나 멍청한 짓인가.' 잠에서 깨어 어두운 창문을 보고 그는 생각했다. 이미 저녁이었다. '어쩌자고 이렇게 오래 잔 거야? 이제 밤에 무얼 한담?'

그는 싸구려 회색 침대에 앉아 생각했다. '그래, 개를 데리고 다니는 여인이 있었지... 그리고 그렇게 만났어.... 그러더니 여기서 이러고 있군.'

그는 아침에 역에서 오페라 초연 광고를 보았다. 이것이 생각나 그는 극장으로 향했다.

'그녀라면 아마도 초연을 보러 다닐 거야.' 하고 그는 생각했다.

극장은 만원이었고 시끄러웠다. 관객들이 들어와 자리를 잡는 내내 구로프는 눈으로 안나 세르게예브나를 찾아보았다. 그리고 마침내 안나 세르게예브나가 들어왔다. 그녀는 세 번째 줄에 앉았는데, 그녀를 보는 순간 구로프는 이제 이 세상에 이보다 더 가깝고 소중하고 중요한 사람이 없다는 걸 분명하게 깨달았다. 군중 속에 파묻혀 눈에 띄지도 않는 저 작은 여인이 이제는 그의 온 삶, 슬픔과 기쁨, 그가 갈망하는 유일한 행복이었다. 서툰 악단의 음악을 들으며 그는 그녀가 얼마나 훌륭한지를 생각했다. 그녀를 생각하며 동시에 간절히 바랐다.

안나 세르게예브나와 함께 무척이나 키가 큰 젊은 남자가 들어와 나란히 앉았다. 들어오는 동안 그는 모두에게 거듭 고개 숙여 인사하는 것처럼 보였다. 아마도 이 사람이 그녀가 얄따에서 씁쓸하게 '비굴한 사람'이라고 일컬었던 남편인 것 같았다. 그리고 실제로도 그의 긴 체구에는 비굴해 보이는 무언가가 있었다. 그는 감미로운 미소를 지었는데 이 또한 비굴해 보였다.

첫 번째 막간에 남편이 궐련을 피우러 나가자 그녀는 자리에 혼자 남아 있었다. 구로프는 그녀에게 다가가 미소를 지으며 어색하게 인사했다.

- 안녕하십니까.

그녀는 그를 보자 창백해졌다. 그리고 다시 한번 겁에 질린 눈으로 그를 쳐다보았다. 자신의 눈을 믿을 수가 없었다. 그도, 그녀도 말을 잇지 못했다. 그녀는 앉아 있었고, 그는 곁에 앉기를 주저하며 서 있었다. 문득 모두가 자신들을 쳐다보고 있는 것 같아 두려워졌다. 그녀가 일어나 재빨리 문으로 향하자 그가 따라 나섰다. 그들은 복도를 따라 계단을 따라, 올라가기도 내려가기도 하며 걸었다. 그들 앞에는 제복을 입은 사람들도 있었고 부인들도 있었다. 바람이 불자 궐련 냄새가 풍겨왔다. 심하게 가슴이 뛰던 구로프는 '세상에! 대체 왜 이 사람들이며 오케스트라며...' 하고 생각했다.

그리고 그 순간 갑자기 그는, 그날 저녁 역에서 안나 세르게예브나를 배웅하며 이제 모든 게 끝났고 더 이상 그녀와 만날 수 없다고 스스로에게 말했던 것이 생각났다. 그것은 결코 끝이 아니었던 것이다!

비좁고 어두운 계단에서 그녀가 멈춰 섰다.

- 당신이 얼마나 나를 놀라게 했는지 몰라요! - 그녀는 여전히 창백한 얼굴로 떨고 있었다. - 당신이 날 얼마나 놀라게 했는지 아세요! 숨이 멎는 줄 알았어요. 왜 오셨나요? 대체 왜?

- 이해해 줘요, 안나, 이해해 줘요... - 그는 재빨리 속삭이듯 말했다. - 제발, 이해해 줘요...

그녀는 두려워하면서도 다정한 눈으로 그를 쳐다보았다. 그 얼굴을 더 잘 기억해 두려고 주의 깊게 그를 바라보았다.

- 너무 괴로워요! - 그녀가 계속 이야기했다. 그녀는 그의 말을 듣지 않고 있었다. - 내내 당신에 대해서만 생각했어요. 당신에 대한 생각으로 살았어요. 그래서 잊고 싶었는데, 잊고 싶었는데, 그런데 왜, 대체 왜 오셨나요?

계단 위쪽에서 김나지움 학생 둘이 담배를 피우다가 흘긋 내려다보았으나 구로프는 개의치 않고 그녀를 끌어당겨 그 얼굴에, 뺨에, 손에 입을 맞추었다.

- 무슨 짓을 하는 거예요, 무슨 짓을 하는 거예요! - 그녀가 겁에 질려 말했다. - 우린 정신이 나간 거예요. 오늘 당장 떠나세요, 지금 당장 가세요... 제발... 사람들이 와요!

누군가가 계단 위로 올라오고 있었다.

- 당신은 떠나야 해요... - 안나 세르게예브나가 조용히 말했다. - 드

미뜨리 드미뜨리치, 내가 모스끄바로 갈게요. 난 한번도 행복한 적이 없었고, 지금도 불행하고 앞으로도 언제나 불행할 거예요, 언제나! 나를 더 괴롭게 하지는 말아 줘요! 약속할게요, 내가 모스끄바로 갈게요. 지금은 이만 헤어져요. 다정하고 착한 내 사랑, 지금은 헤어져야 해요!

그녀는 서둘러 계단을 내려가면서도 계속 그를 쳐다보았다. 그녀가 진정 행복하지 않다는 것을 그 눈빛으로 알 수 있었다. 구로프는 잠시 그 자리에 서 있다가 주위가 조용해지자 외투를 찾아 들고 극장에서 나왔다.

## 올바른 답을 찾아 문장을 완성하세요.

1. 모스끄바로 돌아온 드미뜨리 드미뜨리예비치는,
a) 곧바로 안나 세르게예브나를 다시 만나고 싶어졌다.
б) 익숙했던 삶으로 쉽게 돌아갔다.
в) 각종 파티와 박사 모임에 더 이상 가지 않았다.

2. 어느 정도 시간이 지나자 여름날의 사랑에 대한 기억은
a) 구로프를 설레게 하지 않았다.
б) 어리석게 느껴졌다.
в) 더 선명해지고 생생해졌다.

3. 소설의 남자 주인공은
a) 안나 세르게예브나와의 새로운 만남을 꿈꾸었다.
б) 다시금 다양한 여자들과 만나기 시작했다.
в) 충실한 남편이 되어 자신의 옛 정사들에 대해 잊었다.

4. 구로프는 ... 생각했다.
a) 안나 세르게예브나에게 편지를 보내야겠다고
б) S시로 가는 게 좋겠다고
в) 뻬쩨르부르그에 가야할 때라고

5. 안나 세르게예브나가 살았던 도시는
a) 구로프에게 갑갑한 곳으로 여겨졌다.
б) 매우 구로프의 마음에 들었다.
в) 다른 남부 도시들과 비슷했다.

6. 구로프는 안나 세르게예브나의 집을 발견하고는
a) 오랫동안 집 주위를 서성였다.
б) 이 주소로 서신을 보냈다.
в) 그 집을 방문했다.

7. 저녁에 드미뜨리 드미뜨리예비치는 극장에 갔다. 왜냐하면,

a) 그곳에서 안나 세르게예브나를 만날 수 있을지도 모른다고 기대했기 때문이다.
б) 언제나 초연을 보러 다녔기 때문이다.
в) 그곳에서 안나 세르게예브나를 만날 것이라고 확신했기 때문이다.

8. 구로프가 군중 속에서 안나 세르게예브나를 발견했을 때

a) 그녀는 많이 변한 것처럼 보였다.
б) 그녀가 조금도 변하지 않았다고 생각했다.
в) 그는 이것이 그의 인생에 있어 유일한 행복이라는 걸 깨달았다.

9. 그날 안나 세르게예브나는 극장에 ... 있었다.

a) 혼자
б) 친구와 함께
в) 남편과 함께

10. 안나 세르게예브나는 구로프를 보고

a) 그에게 미소 지은 뒤 홀에서 나갔다.
б) 그에게 먼저 말을 걸었다.
в) 겁에 질렸다.

11. 그들의 대화는 ... 에서 이루어졌다.

a) 극장의 홀
б) 계단
в) 극장 주위

12. 그와 만났을 때 안나 세르게예브나는 ... 고 이야기했다.

a) 자신이 무척 불행하다
б) 그를 보게 되어 기쁘다
в) 서로를 잊어야만 한다

13. 안나 세르게예브나는

a) 오랫동안 울었고, 아무 말도 하지 못했다.
б) 다시 만난 것을 기뻐하며 열정적으로 그에게 입을 맞췄다.
в) 두려움과 사랑으로 구로프를 쳐다보며 떠나 달라고 부탁했다.

14. 그들이 대화를 나누는 동안

a) 안나 세르게예브나의 남편이 그들을 발견했다.
б) 홀의 모든 사람들이 그들을 쳐다보았다.
в) 김나지움 학생 둘 만이 그들을 보았다.

15. 안나 세르게예브나는 헤어지면서

a) 영원히 작별을 고했다.
б) 자신에게 오지 말 것을 요구했다.
в) 모스끄바에서 만나자고 이야기했다.

# 4

 그리하여 안나 세르게예브나는 모스끄바의 구로프에게 오기 시작했다. 두세 달에 한 번씩 그녀는 S시를 떠나왔고, 남편에게는 부인병 때문에 교수와 상담을 하러 간다고 말했다. 남편은 믿는 것 같기도 믿지 않는 것 같기도 했다. 모스끄바에서 그녀는 슬라뱐스끼 바자르 호텔에 묵었고, 도착하는 즉시 빨간 모자를 쓴 사람을 구로프에게 보냈다. 구로프는 그녀를 만나러 오곤 했지만 모스끄바에서는 아무도 이를 알지 못했다.

 한번은 겨울 아침에 그가 그녀를 만나러 집을 나섰다. 김나지움에 바래다줄 딸과 함께 가고 있었다. 김나지움은 가는 길에 있었다. 눈이 내렸다.

 - 지금은 영상 3도인데 눈이 내리는구나. - 구로프가 딸에게 말했다. - 하지만 지상만 따뜻하고 저 위 대기의 온도는 전혀 다르단다.

 - 아빠, 겨울에는 왜 벼락이 안 쳐요?

 그는 이것도 설명해 주었다. 딸에게 이야기하면서 그는, 지금 이렇게 밀회를 하러 가는 것을 아무도 모르고 있으며, 아마도 영원히 모를 것이라는 생각을 했다. 그에게는 두 개의 삶이 있었다. 하나는 완전한 거짓으로, 그를 아는 사람들 모두가 보고 있고 알고 있으며 친구들이나 지인들의 삶과도 매우 비슷한 것이었고, 다른 하나는 완전히 비밀에 싸인 삶이었다.

 그에게 중요하고 즐겁고 절실했던 모든 것, 그가 스스로를 속이지 않았던 모든 것은 다른 사람들이 모르도록 감추어져 있었고, 그가 거짓이라고 여기는 모든 것, 예를 들어 은행에서의 일이나 '저급한 족속' 문제,

혹은 클럽에서의 논쟁이나 아내와 동참하는 파티 등은 모두가 볼 수 있었고 잘 알고 있는 것이었다. 그래서 다른 이들에 대해서도 그는 눈에 보이는 것을 믿지 않게 되었고, 모든 사람에게는 흥미로운 진짜 삶이 따로 있다고 항상 생각하게 되었다. 모든 삶은 비밀 속에서 이어지고 있었고, 아마도 이 때문에 교양 있는 사람들이 그토록 자신의 사생활이 존중되기를 바라는 것인지도 모를 일이었다.

구로프는 딸을 김나지움에 데려다주고 나서 슬라뱐스끼 바자르로 갔다. 그는 아래층에 외투를 맡기고 위로 올라 조용히 문을 두드렸다. 그가 가장 좋아하는 회색 드레스를 입은 안나 세르게예브나는 여독이 채 가시지 않아 피곤한 모습으로 어제 저녁부터 그를 기다리고 있었다. 그녀는 창백한 얼굴을 한 채 그를 보고도 미소를 짓지 않았으나, 그가 들어서자마자 곧바로 그를 끌어안았다. 그들은 마치 여러 해를 못 만난 사람들처럼 오랫동안 입맞춤을 했다.

- 어떻게 지냈소? - 그가 물었다. - 잘 지냈소?

- 잠시만요, 얘기해 줄게요... 잠시만요.

그녀는 눈물을 흘리느라 말을 잇지 못했다. 그에게서 등을 돌리고 서서 손수건을 눈가로 가져갔다.

'잠시 울도록 둬야겠다.' - 그는 이렇게 생각하며 의자에 앉았다.

잠시 후 그는 벨을 울려 차를 가져오도록 했다. 그리고 차를 마시는 내내 그녀는 그를 등지고 서 있었다... 자신들의 삶이 너무나 서글프다는 생각과 근심에 잠겨 울고 있었던 것이다. 그들은 비밀리에만 만날 수 있었다. 과연 이렇게 계속 살아갈 수 있을까?

- 이제 그만하오. - 그가 말했다.

그에게는 이 사랑이 언제인지는 모르지만 곧 끝나지는 않을 것이라는 게 명확했다. 그러나 안나 세르게예브나는 점점 더 그에게 익숙해졌고 그를 매우 사랑했기 때문에, 이 모든 것이 언젠가는 끝나게 될 것이라고 그녀에게 말할 수는 없었다. 설령 말한다 한들 그녀는 믿지 않았을 것이다.

 그는 그녀에게 다가가 어깨에 손을 얹고 달래 주려다 거울에 비친 자신의 모습을 보았다. 그의 머리는 어느새 희끗희끗해져 있었다. 요 몇 년 사이 그렇게 나이가 들어 버렸다는 게 야릇했다. 그의 손이 놓인 어깨는 따뜻했고 떨고 있었다. 그는 이 따스하고 아름다운, 그러나 자신의 삶과 마찬가지로 곧 시들기 시작할 이 생이 안타까웠다. 무엇 때문에 그녀는 그를 이토록 사랑하는 걸까? 여자들은 언제나 그를 실제와는 다른 모습으로 받아들였고, 있는 그대로의 그를 사랑한 게 아니라 자신들이 생각해 낸, 자신들이 그토록 찾아다녔던 모습으로의 그를 사랑했다. 그러다 나중에 자신들의 실수를 깨닫는다 해도 그냥 계속 사랑을 나누곤 했다. 그들 중 어느 누구도 그와 있는 동안 행복할 수 없었다. 시간이 흐르는 동안 그는 여자들을 만나고 헤어졌으나 한 번도 사랑한 적은 없었다. 모든 걸 할 수 있었지만 사랑만큼은 아니었다.

 그리고 이제야, 머리가 세어 가기 시작하는 지금에 와서야 그는 난생처음으로 진실한 사랑을 하게 된 것이다.

 안나 세르게예브나와 그는 아주 가까운 사람들처럼, 육친처럼, 남편과 아내처럼, 좋은 친구들처럼 서로를 사랑했다. 마치 운명이 서로를 맺어 준 것 같아서, 어떻게 그가 다른 여자와 결혼을 하고 그녀가 다른 남자에게 시집을 갔는지 이해할 수 없었다. 마치 한 쌍의 철새가 사람들에게 잡혀 각기 다른 철창에서 살아가야 하는 것과도 같았다. 그들은 과거에 저

지른 부끄러운 일에 대해 서로에게 용서를 구했다. 그리고 모든 걸 용서하면서 그들은 사랑이 자신들을 바꾸어 놓았다는 걸 느꼈다.

예전에 그는 머릿속에 떠오르는 온갖 생각들로 우울함을 달래곤 했다. 그러나 이제 그는 더 이상 상념에 잠기지 않았다. 그는 연민을 느꼈으며, 정직하고 자상한 사람이 되고 싶었다...

- 그만하오, 내 사랑... - 그가 말했다. - 그만큼 울었으면 되었소... 자, 이제 이야기를 합시다, 뭐든 방법을 생각해 봅시다.

그리고 그들은, 앞으로는 몰래 만나지 않기 위해, 거짓 속에서 살지 않기 위해, 각기 다른 도시에서 살지 않고 더 자주 보기 위해 어떻게 해야 할지 오랫동안 함께 이야기를 나누었다.

- 어떻게 해야 할까? 어떻게? - 그는 근심에 차 물었다. - 어떻게 해야 할까?

그리고 그들은 생각했다. 조금 더 시간이 흐르면 결국에는 방법을 찾아낼 것이라고. 그리고 그때에는 아름답고 새로운 삶이 시작될 것이라고. 아직 끝은 멀리 있으며, 가장 힘들고 어려운 것은 이제 막 시작되었다는 것만은 분명했다.

**올바른 답을 골라 문장을 완성하세요.**

**1. 안나 세르게예브나는 ... 모스끄바에 왔다.**

а) 두세 달에 한 번
б) 일년에 두세 달
в) 두세 번

**2. 구로프와 안나 세르게예브나의 관계에 대해**

а) 아무도 몰랐다.
б) 모든 친구들이 이야기했다.
в) 가장 가까운 친구들만 알고 있었다.

3. 어느 날 구로프는 안나 세르게예브나를 만나러 가는 길에 딸을 데려갔다. 왜냐하면

a) 그녀를 안나 세르게예브나와 인사시키고 싶었기 때문이다.
б) 그녀의 김나지움이 가는 길에 있었기 때문이다.
в) 그녀가 아빠와 함께 가고 싶어 했기 때문이다.

4. 주인공들의 마지막 만남은 ... 에서 이루어졌다.

a) 극장의 연극에서
б) 그들이 만난 적 없는 새로운 장소에서
в) 그들이 이미 잘 알고 있던 호텔에서

5. 이번에 온 안나 세르게예브나의 모습은 구로프에게

a) 보통 때보다 더 아름답고 젊어 보였다.
б) 슬프고 매우 지쳐 보였다.
в) 행복하고 자신감이 넘쳐 보였다.

6. 최근 들어 구로프는

a) 나이 들어 보였다.
б) 조금 변했다.
в) 다른 사람이 되었다.

7. 드미뜨리 드미뜨리예비치는 ... 생각했다.

a) 자신이 너무 늦게 진실한 사랑을 하게 되었다고
б) 사랑의 감정에 익숙하지 않다고
в) 여러 번 사랑에 빠졌으나 항상 이 사실을 알았던 건 아니라고

8. 그들의 사랑은

a) 크고 진실된 감정이었다.
б) 실수로 여겨졌다.
в) 짧은 것이었다.

9. 구로프는 ... 위해 이번 만남에 왔다.

a) 그들의 관계를 끝내야 한다고 말하기
б) 보통 때처럼 한 번 더 안나 세르게예브나를 보기
в) 이혼할 준비가 되었다고 말하기

10. 주인공들은

a) 자신들의 삶이 곧 달라질 것이라고 확신했다.
б) 뭔가를 쉽게 바꿀 수 있다고는 생각하지 않았다.
в) 자신들의 모든 문제를 해결하는데 누군가가 도움을 주기를 기대하고 있었다.

# 단어

### а
арбуз 수박

### б
берет 베레모
блондинка 금발 여자
букет 꽃다발

### в
вечный 영원한, 불변의
взволнованный 흥분된, 동요된
влечь НСВ – повлечь СВ 끌어 당기다
вполголоса 작은 소리로, 속삭이듯이
всё-таки 그래도 역시
втайне 몰래, 비밀리에
выходной день 휴일
вянуть 시들다, 쇠퇴하다

### г
гимназист 김나지움 남학생
гимназистка 김나지움 여학생
гореть (불이) 켜지다, 빛나다
грех 죄
грешница 큰 죄를 지은 여자
грешный 죄가 많은
гром 천둥, 벼락
губа 입술

### д
дама 부인, 숙녀
держаться на чём 유지되고 있다, 이어지다
достоинство 장점, 가치, 품위
дрожать 떨다
дуть 바람이 불다
духи (복수만) 향수
душный 무더운, 숨막히는

### з
забиться 막히다, 두근거리다
забор 울타리, 담장

**заворчать СВ – ворчать НСВ** 으르렁거리다

**запах** 냄새

## И

**изменять кому-чему** 배신하다, 반역하다

**испугать СВ – пугать НСВ** 놀라게 하다, 위협하다

## К

**кипарис** 삼나무

**кланяться** 인사하다, 절하다

**клетка** 새장, 우리

**колокол** 종

**кусаться** 물다, 깨물다

**кусок** 조각

## Л

**лакей** 하인, 시종, 비굴한 사람, 머슴 근성이 있는 사람

**ласковый** 상냥한, 정다운

## М

**мыслящий** 동사 **мыслить**(생각하다, 사색하다)의 형동사형

## Н

**на самом деле** 실제로는

**набережная** 해안도로, 해변길

**нарядный** 성장한, 화려한

**насмешка** 조소, 조롱

**настоящий** 현재의, 실제의

**ненавидеть** 미워하다, 증오하다

**нерешительный** 우유부단한, 결단성 없는

**низший** 형용사 **низкий**의 최상급

**номер** 번호, (호텔 등의) 방

## О

**обман** 거짓, 기만

**обмануть СВ – обманывать НСВ** 속이다, 배반하다

**обнять СВ – обнимать НСВ** 안다, 포옹하다

**оправдываться НСВ – оправдаться СВ** 정당화하다, (정당함을) 증명하다, 적중하다

**оркестр** 오케스트라

**отвести СВ – отводить НСВ** 데리고 가다, 가져가다, (옆으로) 옮기다

## П

**павильон** 파빌리온, 정자

**падение** 낙하, 타락, 멸망

**пароход** 기선

**пахнуть** 냄새가 나다

**перелётные птицы** 철새

**побледнеть СВ – бледнеть НСВ** 창백해지다

**погрозить СВ – грозить НСВ чем** 위협하다, 위협하는 손짓을 하다

**поднести** (...의 근처로) 가져오다, 가져가다

**покраснеть СВ – краснеть НСВ** 빨갛게 되다, 부끄러워하다

**порядочный** 고상한, 점잖은

**постучать** 노크하다

**поцелуй** 입맞춤, 키스

**пошутить СВ – шутить НСВ** 농담하다, 장난하다
**поэтический** 시(詩)의, 시적인
**православный** 정교도
**праздный** 빈, 한가한
**премьера** 초연
**приветливый** 공손한, 친절한
**привлекать НСВ – привлечь СВ** 끌어 당기다, 마음을 끌다
**приключение** 사건, 일, 모험
**приласкать** 쓰다듬다, 귀여워하다
**принцип** 원칙, 방침
**пробыть** (일정 시간을) 머물다, 체류하다
**проговорить** 말하다
**прозвенеть** 울리다, 소리가 나다
**пройтись** 조금 걷다, 산책하다
**пыль** (여) 먼지
**пьянство** 음주, 술에 취하는 것

## р

**раса** 인종, 종족
**расстаться СВ – расставаться НСВ** 헤어지다, 이별하다

## с

**сниться** 꿈 꾸다, 꿈에 보이다
**собственный** 자기 자신의, 자기 소유의
**спускаться НСВ – спуститься СВ** 내려가다
**среди белого дня** (숙어) 대낮에
**старушка** 나이 많은 여자, 할머니
**страдать** 괴로워하다, 고생하다
**страсть** 욕망, 열정
**страх** 공포, 두려움
**стыдиться** 부끄러워하다

## т

**табак** 담배, 궐련
**таинственный** 신비한, 비밀의
**теряться** 없어지다, 어리둥절해하다
**толпа** 군중, 무리

## ф

**фигура** 모양, 체형

## ш

**швейцар** 수위
**шуба** 모피 코트